中华人民共和国行业推荐性标准

公路工程信息模型应用统一标准

Unified Standard for Application of Building Information Modeling in Highway Engineering

JTG/T 2420—2021

主编单位：中国交通建设股份有限公司
　　　　　中交第一公路勘察设计研究院有限公司
批准部门：中华人民共和国交通运输部
实施日期：2021 年 06 月 01 日

人民交通出版社股份有限公司
北　京

律师声明

本书所有文字、数据、图像、版式设计、插图等均受中华人民共和国宪法和著作权法保护。未经人民交通出版社股份有限公司同意，任何单位、组织、个人不得以任何方式对本作品进行全部或局部的复制、转载、出版或变相出版。

本书扉页前加印有人民交通出版社股份有限公司专用防伪纸。任何侵犯本书权益的行为，人民交通出版社股份有限公司将依法追究其法律责任。

有奖举报电话：（010）85285150

北京市星河律师事务所
2020 年 6 月 30 日

图书在版编目（CIP）数据

公路工程信息模型应用统一标准：JTG/T 2420—2021 / 中国交通建设股份有限公司，中交第一公路勘察设计研究院有限公司主编. — 北京：人民交通出版社股份有限公司，2021.3
ISBN 978-7-114-17181-9

Ⅰ. ①公… Ⅱ. ①中… ②中… Ⅲ. ①道路工程—工程模型—设计标准 Ⅳ. ①U415.1-65

中国版本图书馆 CIP 数据核字（2021）第 054806 号

标准类型：	中华人民共和国行业推荐性标准
标准名称：	公路工程信息模型应用统一标准
标准编号：	JTG/T 2420—2021
主编单位：	中国交通建设股份有限公司
	中交第一公路勘察设计研究院有限公司
责任编辑：	周佳楠
责任校对：	刘 芹
责任印制：	张 凯
出版发行：	人民交通出版社股份有限公司
地　　址：	（100011）北京市朝阳区安定门外外馆斜街 3 号
网　　址：	http://www.ccpcl.com.cn
销售电话：	（010）59757973
总 经 销：	人民交通出版社股份有限公司发行部
经　　销：	各地新华书店
印　　刷：	北京市密东印刷有限公司
开　　本：	880×1230　1/16
印　　张：	5.75
字　　数：	130 千
版　　次：	2021 年 3 月　第 1 版
印　　次：	2021 年 3 月　第 1 次印刷
书　　号：	ISBN 978-7-114-17181-9
定　　价：	50.00 元

（有印刷、装订质量问题的图书，由本公司负责调换）

中华人民共和国交通运输部

公　　告

第 14 号

交通运输部关于发布《公路工程信息模型应用统一标准》的公告

现发布《公路工程信息模型应用统一标准》（JTG/T 2420—2021），作为公路工程行业推荐性标准，自 2021 年 6 月 1 日起施行。

《公路工程信息模型应用统一标准》（JTG/T 2420—2021）的管理权和解释权归交通运输部，日常管理和解释工作由主编单位中国交通建设股份有限公司和中交第一公路勘察设计研究院有限公司负责。

请各有关单位注意在实践中总结经验，及时将发现的问题和修改建议函告中交第一公路勘察设计研究院有限公司（地址：陕西省西安市高新区科技四路 205 号，邮政编码：710075），以便修订时研用。

特此公告。

中华人民共和国交通运输部

2021 年 2 月 26 日

交通运输部办公厅　　　　　　　　　　　　　　　2021 年 3 月 1 日印发

前　言

根据交通运输部《关于下达 2017 年度公路工程行业标准制修订项目计划的通知》（交公路函〔2017〕387 号）的要求，由中国交通建设股份有限公司和中交第一公路勘察设计研究院有限公司承担《公路工程信息模型应用统一标准》（JTG/T 2420—2021）的制定工作。

针对我国公路工程全生命期应用建筑信息模型（building information modeling，以下简称 BIM）技术的需求，编写单位在充分总结国内外相关 BIM 技术标准和研究成果的基础上，结合近年来我国公路行业工程实践经验，通过调研和分析论证，提出了符合公路工程全生命期应用 BIM 技术的要求，并广泛征求了国内专家的意见，完成了本标准的制定工作。

本标准包括 7 章和 2 个附录，分别是：1 总则、2 术语、3 基本规定、4 模型架构、5 分类编码、6 数据存储、7 交付，附录 A 分类和编码、附录 B 数据存储。

本标准由刘伯莹、吴明先负责起草第 1、2、3 章，马军海、王佐负责起草第 4 章，程鹏、吴强、刘向阳负责起草第 5 章，顾明、张峰负责起草第 6 章，翟世鸿、李毅负责起草第 7 章，马军海、王欣南、刘向阳负责起草附录 A，张峰、王秀伟、戈普塔负责起草附录 B。

请各有关单位在执行过程中，将发现的问题和意见，函告本标准日常管理组，联系人：张峰（地址：陕西省西安市高新区科技四路 205 号，邮编：710075；电话：029-88441415；电子邮箱：zhangfeng@ccroad.com.cn），以便修订时参考。

主　编　单　位：中国交通建设股份有限公司
　　　　　　　　中交第一公路勘察设计研究院有限公司
参　编　单　位：中交第二公路勘察设计研究院有限公司
　　　　　　　　中交公路规划设计院有限公司
　　　　　　　　中交第二航务工程局有限公司

主　　　　编：刘伯莹　吴明先
主要参编人员：马军海　王　佐　程　鹏　刘向阳　张　峰　吴　强
　　　　　　　翟世鸿　顾　明　李　毅　王欣南　王秀伟　戈普塔

主　　　　审：刘　松

参与审查人员：周海涛　盛黎明　王　晋　刘元泉　魏　来　周　健
　　　　　　　李华良　季锦章　黄　琨　刘玉身

参 加 单 位：清华大学

参 加 人 员：高　歌　王吾愚　王　博　刘　清　姬付全

目　次

1 总则 ……………………………………………………………………………………………… 1
2 术语 ……………………………………………………………………………………………… 2
3 基本规定 ………………………………………………………………………………………… 3
4 模型架构 ………………………………………………………………………………………… 4
　4.1 一般规定 …………………………………………………………………………………… 4
　4.2 模型内容 …………………………………………………………………………………… 4
　4.3 模型扩展 …………………………………………………………………………………… 5
5 分类编码 ………………………………………………………………………………………… 6
　5.1 一般规定 …………………………………………………………………………………… 6
　5.2 分类对象 …………………………………………………………………………………… 6
　5.3 编码规则 …………………………………………………………………………………… 7
　5.4 编码应用 …………………………………………………………………………………… 8
　5.5 编码扩展 …………………………………………………………………………………… 9
6 数据存储 ………………………………………………………………………………………… 11
　6.1 一般规定 …………………………………………………………………………………… 11
　6.2 存储要求 …………………………………………………………………………………… 12
7 交付 ……………………………………………………………………………………………… 13
附录 A　分类和编码 ……………………………………………………………………………… 14
附录 B　数据存储 ………………………………………………………………………………… 54
本标准用词用语说明 ……………………………………………………………………………… 81

1 总则

1.0.1 为规范信息模型在公路工程全生命期应用的技术要求，制定本标准。

1.0.2 本标准适用于新建和改扩建公路工程。

1.0.3 信息模型的应用除应符合本标准的规定外，尚应符合国家和行业现行有关标准的规定。

2 术语

2.0.1 全生命期 life cycle
公路工程从设计、施工到运维等阶段的总称。

2.0.2 模型架构 model framework
信息模型中各层级对象的构成关系。

2.0.3 协同 collaboration
使用信息模型进行信息共享、交互及协调的工作过程。

2.0.4 模型精细度 level of model definition
信息模型中所容纳信息的丰富程度，简称 L。

条文说明

模型精细度即 LOD，其有两种解释，Level of Development 和 Level of Definition。本标准采用 Level of Definition，简称 L。

3 基本规定

3.0.1 信息模型应能满足全生命期或各阶段的应用要求。

3.0.2 信息模型中需要共享的信息应能被唯一识别。

3.0.3 信息模型在全生命期应用时,应保障信息安全。

4 模型架构

4.1 一般规定

4.1.1 项目模型应由信息模型、地形地质模型和项目属性信息组成。

4.1.2 信息模型的模型架构应由设施、子设施和构件三级构成，并具有可扩展性。

条文说明

一般情况下，构件组成子设施、子设施组成设施，但在模型中也存在同级嵌套的情况。设施嵌套的情况，例如一座特大桥由引桥和主桥组成，特大桥、引桥和主桥都属于设施。构件嵌套的情况，例如墩柱和盖梁组成桥墩，墩柱、盖梁和桥墩都属于构件。

4.2 模型内容

4.2.1 信息模型应包括路线、路基、路面、桥梁、隧道、路线交叉、交通工程及沿线设施等模型，路线交叉模型应由对应的路线、路基、路面、桥梁、隧道、交通工程及沿线设施等模型组成。

4.2.2 路线模型应包括平面和纵断面等内容。

4.2.3 路基模型应包括路基土石方、排水、支挡防护、小桥和涵洞等内容。

4.2.4 路面模型应包括面层、基层、底基层、垫层和路缘石等内容。

4.2.5 桥梁模型应包括上部结构、下部结构、桥面系和附属工程等内容。

4.2.6 隧道模型应包括洞口、洞身、辅助通道、防排水和路面等内容。

条文说明

本标准只适用于采用钻爆法施工的隧道。

本标准将隧道监控设施、照明设施、通风设施和消防设施归到第4.2.7条中。

4.2.7 交通工程及沿线设施模型应包括交通安全设施、管理设施和服务设施等内容。

4.2.8 地形模型应包括地表、自然地物和人工地物等内容。

4.2.9 地质模型应包括地层、构造、岩土类型、不良地质及勘探信息等内容。

4.3 模型扩展

4.3.1 信息模型扩展应与原有信息模型的模型架构协调一致。

4.3.2 信息模型扩展可根据工程需要，增加设施、子设施和构件，以及设施、子设施和构件的信息。

5 分类编码

5.1 一般规定

5.1.1 信息模型的分类应依据 Building construction—Organization of information about construction works—Part 2: Framework for classification（ISO 12006-2：2015）制定。

条文说明

ISO 12006-2：2015 提出一套基于工程过程的模型，使特定工程领域中的信息按照工程过程划分对象，分类对象包括建设活动全生命期涉及的成果、过程、资源和属性等。

5.1.2 公路工程管理设施和服务设施中建筑的分类和编码应符合现行《建筑信息模型分类和编码标准》（GB/T 51269）的有关规定。

条文说明

建筑的分类和编码在现行《建筑信息模型分类和编码标准》（GB/T 51269）中已明确规定，本标准对于公路工程管理设施和服务设施中建筑的分类和编码不再重复规定。

5.1.3 信息模型的分类方法应采用《信息分类和编码的基本原则与方法》（GB/T 7027—2002）中的混合分类法。

条文说明

分类方法包括线分法、面分法和混合分类法。混合分类法是将线分法和面分法组合使用，以其中一种为主、另一种补充的信息分类方法。

5.2 分类对象

5.2.1 信息模型中的信息宜按成果、过程、资源、属性和其他方面进行分类，各分类表应符合表 5.2.1 的规定。

表 5.2.1 信息分类

表代码	分类表	附录	分类对象	备注
16	设施	A.0.1	成果	编制
17	子设施	A.0.2	成果	编制
18	构件	A.0.3	成果	编制
26	建设阶段	A.0.4	过程	编制
27	专业领域	A.0.5	过程	编制
32	工具	—	资源	引用
33	信息	—	资源	引用
36	材料	A.0.6	资源	编制
41	属性	—	属性	引用
46	特征属性	A.0.7	属性	编制
51	地形地质	A.0.8	其他	编制

注：表中引用的分类表见《建筑信息模型分类和编码标准》（GB/T 51269—2017）。

条文说明

本标准的分类表代码在《建筑信息模型分类和编码标准》（GB/T 51269—2017）中规定的分类表代码之后扩展，例如《建筑信息模型分类和编码标准》（GB/T 51269—2017）建设成果分类表表代码为 10、11、12、13、14、15，本标准成果分类表表代码为 16、17、18。

5.2.2 单个分类表内的分类应按层级依次分为一级类目、二级类目、三级类目和四级类目。

5.3 编码规则

5.3.1 分类表内的编码应由 2 位表代码、2 位一级类代码、2 位二级类代码、2 位三级类代码和 2 位四级类代码组成，表代码和一级类代码之间使用英文半角字符"-"连接，相邻层级代码之间使用英文半角字符"."隔开，基本组成结构应符合图 5.3.1 的要求。

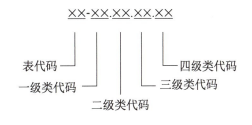

图 5.3.1 编码结构

5.3.2 分类表内的编码应符合下列规定：

1 一级类编码，前2位表示表代码，加2位一级类代码，后6位用"0"补齐。

2 二级类编码，前4位与一级类编码相同，加2位二级类代码，后4位用"0"补齐。

3 三级类编码，前6位与二级类编码相同，加2位三级类代码，后2位用"0"补齐。

4 四级类编码，前8位与三级类编码相同，后2位表示四级类代码。

条文说明

编码示例见表5-1。18-02.00.00.00 表示一级类编码，18-02.01.00.00 表示二级类编码，18-02.01.01.00 表示三级类编码，18-02.01.04.01 和 18-02.01.04.02 表示四级类编码。

表5-1 编码示例

编 码	一 级 类	二 级 类	三 级 类	四 级 类
18-02.00.00.00	路基构件			
18-02.01.00.00		路基土石方构件		
18-02.01.01.00			路床	
18-02.01.02.00			路堤	
18-02.01.03.00			土工合成材料处置层	
18-02.01.04.00			特殊路基处置构件	
18-02.01.04.01				垫层
18-02.01.04.02				袋装砂井

注：空白单元格表示此栏无内容。

5.4 编码应用

5.4.1 在描述复杂对象时，应采用逻辑运算符号联合多个编码一起使用。

条文说明

通常单个编码不一定能满足对象描述的要求，需要借助运算符号来组织多个编码，实现精确描述和准确表达的目的。

5.4.2 编码逻辑运算符号应采用"+""/"">"符号表示，并应符合下列规定：

1 "+"用于将同一分类表或不同分类表中的编码联合在一起，以表示两个或两个以上编码含义的集合。

2 "/"用于将单个分类表中的编码联合在一起，定义一个分类表内的连续编码段落，以表示适合对象的分类区间。

　　3　">"用于将同一分类表或不同分类表中的编码联合在一起，以表示两个或两个以上编码对象的从属或主次关系，开口正对编码所表示对象更重要或为主体。

条文说明

　　由于需求的复杂性，需要多个编码组合使用，但组合使用需要按照一定的规则执行。

　　1　使用"+"表示编码含义的集合，并且联合"+"的编码所表示的含义和性质不相互影响。

　　例如：表述"工字钢横梁"时，可利用"+"把描述"横梁"的编码和"工字钢"的编码联合起来，形成组合编码：18-04.07.02.00 + 36-16.06.00.00。

　　2　使用"/"表示一张表中连续的对象分类，连续编码段落由"/"前的编码开始，至"/"后的编码结束。

　　例如：若需要表示某一范围的"混凝土强度等级"，可以标记为 36-01.01.11.00/36-01.01.14.00，划定由 36-01.01.11.00 开始至 36-01.01.14.00 结束的范围，即表示从 C65 至 C80 混凝土强度等级。

　　3　与使用"+"不同，使用">"可以改变组合中分类编码重要性的排列顺序，符号开口方向朝向概念更重要的分类对象。

　　例如：18-04.07.02.00 > 36-16.06.00.00 仍然代表"工字钢横梁"，开口方向朝向横梁的编码 18-04.07.02.00。

5.4.3　由逻辑运算符号联合的多个编码，应按从属或主次关系依次组合，主要的在前，次要的在后。当重要性相同时，应按从小到大的顺序组合。

条文说明

　　多个编码的组合顺序非常重要，有序的组合有利于编码的管理。例如：表示混凝土强度等级在 C65 到 C80 之间的横梁，组合顺序：18-04.07.02.00 + 36-01.01.11.00/36-01.01.14.00。

5.5　编码扩展

5.5.1　分类编码的扩展应与现有分类表协调一致。

条文说明

　　分类编码的扩展不能改变现有条目和编码。

5.5.2 分类编码可根据工程需要扩展分类表和分类条目。

5.5.3 扩展的分类条目宜选择合适的位置，且其代码应从 60 开始。

条文说明

新增的分类条目代码从 60 开始，如表 5-2 所示。

表 5-2　分类条目扩展示例

编　码	一　级　类	二　级　类	三　级　类	四　级　类
18-02.03.02.00			坡面防护构件	
18-02.03.02.01				植物防护
18-02.03.02.02				骨架植物防护
18-02.03.02.03				喷护、挂网喷护
18-02.03.02.04				砌体坡面防护
18-02.03.02.05				护面墙
18-02.03.02.60				×××
18-02.03.02.61				×××

注：空白单元格表示此栏无内容。

6 数据存储

6.1 一般规定

6.1.1 信息模型的数据存储应依据现行《工业基础类平台规范》（GB/T 25507）扩展。

条文说明

工业基础类（Industry Foundation Class，IFC）标准是目前被广泛采用的公开建筑信息模型数据存储标准。IFC 标准最初于 1997 年由国际协同工作联盟（Industry Alliance for Interoperability，简称 IAI，现已更名为 buildingSMART，简称 bSI）发布，为工程建设行业提供了一个中性、开放的建筑数据表达和交换标准。第一版 IFC1.0 主要描述建筑信息模型部分（包括建筑、暖通空调等）；于 1999 年发布的 IFC2.0 版支持对建筑维护、成本估算和施工进度等信息的描述；于 2003 年发布的 IFC2x2 版在结构分析、设施管理等方面做了扩展；2005 年被采纳为 ISO 国际标准，编号为 ISO/PAS 16739：2005，现已修订至 ISO 16739-1：2018（即 IFC4x2）。《工业基础类平台规范》（GB/T 25507—2010）等同采用 ISO/PAS 16739：2005。

本标准的数据存储基于《工业基础类平台规范》（GB/T 25507—2010），同时引用了 IFC4x2 标准的最新成果，并对其补充和完善，扩展内容与现有标准保持最大限度的兼容。

6.1.2 数据存储的扩展宜采用属性扩展和实体扩展。

6.1.3 扩展的原则宜符合下列规定：
1 扩展的内容与现有标准协调一致。
2 优先使用属性扩展。
3 当属性扩展困难时，采用实体扩展。

条文说明

实体是工程对象在 IFC 标准中对应的信息类。

6.1.4 扩展实体的 EXPRESS 表述应符合现行《工业自动化系统与集成 产品数据表达与交换》（GB/T 16656）的有关规定。

6.2 存储要求

6.2.1 类型、材料和几何信息的存储应符合下列规定：
1 设施、子设施和构件宜具有类型信息，并应符合本标准第 B.1.1 条的有关规定。
2 构件宜具有材料信息，并应符合本标准第 B.1.2 条的有关规定。
3 构件应具有几何表达，并应符合本标准第 B.1.3 条的有关规定。

条文说明

1 IFC 标准中设施、子设施和构件的定义比较宽泛，要具体表示某类特定设施、子设施和构件，需要设置设施、子设施和构件的类型属性。例如：墙通过设置类型可以表示挡土墙、翼墙和端墙等。

2 本标准只规定构件具有材料信息，设施和子设施的材料信息可以根据实际情况而定。

3 本标准只规定构件具有几何表达，设施和子设施可以不具有几何形态，其几何形态由构件表示。

6.2.2 项目、场地、公路，以及路线、路基、路面、桥梁、涵洞、隧道、交通工程及沿线设施、地形地质的存储应符合本标准第 B.2 节的有关规定。

6.2.3 其他未定义的工程对象宜由 IfcBuildingElementProxy 表示。

条文说明

为了满足标准扩展的需要，对本标准中未定义的构件，使用 IfcBuildingElementProxy 扩展。

7 交付

7.0.1 交付成果应包括信息模型和相关属性信息文件等。

7.0.2 交付的信息模型文件格式宜采用本标准第6章规定的数据存储格式,也可采用约定的数据格式。

7.0.3 交付的信息模型精细度等级应符合表7.0.3的规定。

表7.0.3 模型精细度等级

工 程 阶 段		模型精细度等级
设计阶段	初步设计	L2.0
	施工图设计	L3.0
施工阶段	施工准备	L3.5
	施工过程	L4.0
	交工验收	L5.0
运维阶段		L6.0

条文说明

本条提出全生命期各阶段与模型精细度等级之间的对应关系。各阶段的应用标准需遵循表7.0.3中的6种不同模型精细度等级的原则和要求,详细规定本阶段模型精细度等级的内容。

7.0.4 各阶段内使用的模型精细度等级可根据需要在本标准第7.0.3条的模型精细度等级之间扩展。

条文说明

例如:初步设计阶段可以创建模型精细度等级为L2.x的方案比选模型。

附录 A 分类和编码

A.0.1 公路工程设施的分类和编码宜符合表 A.0.1 的规定。

表 A.0.1 设施分类和编码

编码	一级类	二级类	三级类	四级类
16-01.00.00.00	路基			
16-02.00.00.00	路面			
16-03.00.00.00	桥梁			
16-04.00.00.00	隧道			
16-05.00.00.00	交通工程及沿线设施			
16-05.01.00.00		交通安全设施		
16-05.02.00.00		管理设施		
16-05.03.00.00		服务设施		

注：空白单元格表示此栏无内容。

A.0.2 公路工程子设施的分类和编码宜符合表 A.0.2 的规定。

表 A.0.2 子设施分类和编码

编码	一级类	二级类	三级类	四级类
17-01.00.00.00	路基			
17-01.01.00.00		路基土石方		
17-01.02.00.00		排水		
17-01.03.00.00		支挡防护		
17-01.04.00.00		小桥、涵洞		
17-02.00.00.00	路面			
17-02.01.00.00		路面（段）		
17-03.00.00.00	桥梁			
17-03.01.00.00		上部结构		
17-03.01.01.00			桥联	
17-03.01.01.01				桥跨
17-03.02.00.00		下部结构		
17-03.03.00.00		桥面系和附属工程		
17-04.00.00.00	隧道			
17-04.01.00.00		洞口		

续表 A.0.2

编　码	一　级　类	二　级　类	三　级　类	四　级　类
17-04.02.00.00		洞身		
17-04.03.00.00		辅助通道		
17-04.04.00.00		防排水		
17-04.05.00.00		路面（段）		
17-05.00.00.00	交通工程及沿线设施			
17-05.01.00.00		交通安全设施		
17-05.01.01.00			交通安全设施（段）	
17-05.02.00.00		管理设施		
17-05.02.01.00			监控设施	
17-05.02.02.00			收费设施	
17-05.02.03.00			通信设施	
17-05.02.04.00			供配电设施	
17-05.02.05.00			照明设施	
17-05.02.06.00			隧道通风设施	
17-05.02.07.00			隧道消防设施	
17-05.02.08.00			管理养护设施	
17-05.02.08.01				管理中心
17-05.02.08.02				管理分中心
17-05.02.08.03				管理站（所）
17-05.02.08.04				养护工区
17-05.02.08.05				道班房
17-05.02.09.00			治超设施	
17-05.02.09.01				超限检测站（点）
17-05.02.09.02				非现场检测点
17-05.02.09.03				高速公路称重检测站
17-05.02.10.00			交通量观测设施	
17-05.02.10.01				连续式交通量观测站
17-05.02.10.02				间隙式交通量观测站
17-05.02.10.03				临时性交通量观测站
17-05.03.00.00		服务设施		
17-05.03.01.00			服务区	
17-05.03.02.00			停车区	
17-05.03.03.00			客运汽车停靠站	

注：1. 表中路基、路面、桥梁、隧道、交通工程及沿线设施、交通安全设施、管理设施、服务设施用于分类，对应的编码在使用时，按表 A.0.1 的相关规定执行。
2. 表中路面（段）、交通安全设施（段）是对表 A.0.1 公路工程设施中路面、交通安全设施按路段长度的划分，具体划分长度根据工程需求确定。
3. 辅助通道包括横洞、洞室、洞房、竖井、斜井等。
4. 避险车道由对应的路基、路面、护栏、标志、标线等模型组成，分类和编码不再重复规定。
5. 空白单元格表示此栏无内容。

A.0.3 公路工程构件的分类和编码宜符合表 A.0.3 的规定。

表 A.0.3 构件分类和编码

编码	一级类	二级类	三级类	四级类
18-01.00.00.00	路线			
18-01.01.00.00		平面曲线		
18-01.01.01.00			平面直线	
18-01.01.02.00			平面圆曲线	
18-01.01.03.00			平面缓和曲线	
18-01.02.00.00		纵断面曲线		
18-01.02.01.00			纵断面直线	
18-01.02.02.00			纵断面竖曲线	
18-02.00.00.00	路基构件			
18-02.01.00.00		路基土石方构件		
18-02.01.01.00			路床	
18-02.01.02.00			路堤	
18-02.01.03.00			土工合成材料处置层	
18-02.01.04.00			特殊路基处置构件	
18-02.01.04.01				垫层
18-02.01.04.02				袋装砂井
18-02.01.04.03				塑料排水板
18-02.01.04.04				粒料桩
18-02.01.04.05				加固土桩
18-02.01.04.06				水泥粉煤灰碎石桩（CFG桩）
18-02.01.04.07				刚性桩
18-02.01.04.08				灰土挤密桩
18-02.01.04.09				碎石挤密桩
18-02.01.04.10				强夯
18-02.01.04.11				重锤夯实
18-02.01.04.12				冲击碾压
18-02.01.04.13				预压与超载预压
18-02.01.04.14				浸水预溶
18-02.01.04.15				反压
18-02.01.04.16				削坡减载
18-02.01.04.17				旋喷桩
18-02.01.04.18				注浆
18-02.01.04.19				拦石墙

续表 A.0.3

编 码	一级类	二级类	三级类	四级类
18-02.01.04.20				拦挡坝、导流坝
18-02.01.04.21				拦冰墙
18-02.02.00.00			排水构件	
18-02.02.01.00				排水管
18-02.02.02.00				边沟
18-02.02.03.00				排水沟
18-02.02.04.00				截水沟
18-02.02.05.00				边坡平台排水沟
18-02.02.06.00				急流槽
18-02.02.07.00				跌水
18-02.02.08.00				沉淀池、蒸发池
18-02.02.09.00				排水泵站沉井
18-02.02.10.00				盲沟
18-02.02.11.00				集水（检查）井
18-02.03.00.00			支挡防护构件	
18-02.03.01.00				挡土墙及墙背填土构件
18-02.03.01.01				重力式、衡重式挡土墙
18-02.03.01.02				悬臂式挡土墙
18-02.03.01.03				扶壁式挡土墙
18-02.03.01.04				锚杆式挡土墙
18-02.03.01.05				锚定板式挡土墙
18-02.03.01.06				加筋土式挡土墙
18-02.03.01.07				桩板式挡土墙
18-02.03.01.08				墙背填土
18-02.03.02.00				坡面防护构件
18-02.03.02.01				植物防护
18-02.03.02.02				骨架植物防护
18-02.03.02.03				喷护、挂网喷护
18-02.03.02.04				砌体坡面防护
18-02.03.02.05				护面墙
18-02.03.03.00				沿河路基防护构件
18-02.03.03.01				护坡
18-02.03.03.02				浸水挡墙

续表 A.0.3

编　码	一　级　类	二　级　类	三　级　类	四　级　类
18-02.03.03.03				石笼防护
18-02.03.03.04				护坦
18-02.03.03.05				导流堤、坝工程
18-02.03.04.00			边坡锚固	
18-02.03.05.00			土钉支护	
18-02.03.06.00			抗滑桩	
18-02.03.07.00			支挡防护子构件	
18-02.03.07.01				挡土板
18-02.03.07.02				面板
18-02.03.07.03				肋柱
18-02.03.07.04				检修踏步
18-02.03.07.05				碎落台、边坡平台
18-03.00.00.00	路面构件			
18-03.01.00.00			面层	
18-03.01.01.00			水泥混凝土面层	
18-03.01.02.00			沥青混凝土面层	
18-03.01.03.00			沥青贯入式面层	
18-03.01.04.00			沥青表面处置面层	
18-03.02.00.00			基层	
18-03.02.01.00			稳定土基层	
18-03.02.02.00			稳定粒料基层	
18-03.02.03.00			级配碎（砾）石基层	
18-03.02.04.00			填隙碎石（矿渣）基层	
18-03.03.00.00			底基层	
18-03.03.01.00			稳定土底基层	
18-03.03.02.00			稳定粒料底基层	
18-03.03.03.00			级配碎（砾）石底基层	
18-03.03.04.00			填隙碎石（矿渣）底基层	
18-03.04.00.00			垫层	
18-03.05.00.00			路缘石	
18-03.06.00.00			培路肩	
18-03.07.00.00			中央分隔带填土	
18-04.00.00.00	桥梁构件			
18-04.01.00.00			预应力构件	

续表 A.0.3

编　码	一级类	二级类	三级类	四级类
18-04.01.01.00			预应力筋	
18-04.01.02.00			预应力管道	
18-04.01.03.00			预应力锚具	
18-04.02.00.00		基础构件		
18-04.02.01.00			扩大基础	
18-04.02.02.00			承台	
18-04.02.03.00			桩	
18-04.02.03.01				钻孔灌注桩
18-04.02.03.02				挖孔桩
18-04.02.03.03				沉入桩
18-04.02.04.00			地下连续墙	
18-04.02.05.00			沉井基础	
18-04.02.06.00			沉箱基础	
18-04.03.00.00		桥台		
18-04.03.01.00			台帽	
18-04.03.02.00			台身	
18-04.03.03.00			耳背墙	
18-04.04.00.00		桥墩		
18-04.04.01.00			盖梁	
18-04.04.02.00			墩柱、墩柱段	
18-04.04.03.00			系梁	
18-04.05.00.00		墩台构件		
18-04.05.01.00			挡块	
18-04.05.02.00			支座垫石	
18-04.06.00.00		梁式桥构件		
18-04.06.01.00			梁、梁段	
18-04.06.01.01				实心板梁
18-04.06.01.02				空心板梁
18-04.06.01.03				工字形梁
18-04.06.01.04				混凝土T梁
18-04.06.01.05				混凝土小箱梁
18-04.06.01.06				混凝土箱梁
18-04.06.01.07				钢箱梁
18-04.06.01.08				钢桁梁

续表 A.0.3

编　码	一　级　类	二　级　类	三　级　类	四　级　类
18-04.06.01.09				工字组合梁
18-04.06.01.10				钢箱组合梁
18-04.06.01.11				钢桁架组合梁
18-04.06.01.12				波形钢腹板组合梁
18-04.06.02.00			桥面板	
18-04.06.03.00			支座	
18-04.07.00.00		拱式桥构件		
18-04.07.01.00			拱、拱段	
18-04.07.01.01				板拱
18-04.07.01.02				肋拱
18-04.07.01.03				箱拱
18-04.07.01.04				刚架拱
18-04.07.01.05				钢管拱
18-04.07.01.06				桁架拱
18-04.07.02.00			横梁	
18-04.07.03.00			纵梁	
18-04.07.04.00			立柱	
18-04.07.05.00			吊杆	
18-04.07.06.00			系杆	
18-04.07.07.00			拱脚	
18-04.08.00.00		斜拉桥构件		
18-04.08.01.00			斜拉索	
18-04.08.02.00			塔柱、塔柱段	
18-04.08.03.00			桥塔系梁	
18-04.08.04.00			钢锚箱	
18-04.08.05.00			钢锚梁	
18-04.09.00.00		悬索桥构件		
18-04.09.01.00			主缆	
18-04.09.02.00			吊索	
18-04.09.03.00			索夹	
18-04.09.04.00			索鞍	
18-04.09.05.00			锚碇	
18-04.09.06.00			锚碇锚固体系	
18-04.10.00.00		桥面系和附属工程构件		

续表 A.0.3

编 码	一 级 类	二 级 类	三 级 类	四 级 类
18-04.10.01.00			桥面铺装	
18-04.10.02.00			阻尼器	
18-04.10.03.00			人行道板	
18-04.10.04.00			搭板	
18-04.10.05.00			牛腿	
18-04.10.06.00			锥坡	
18-04.10.07.00			伸缩装置	
18-04.10.08.00			防撞墙	
18-04.10.09.00			防落梁装置	
18-05.00.00.00	涵洞构件			
18-05.01.00.00		洞口		
18-05.01.01.00			翼墙	
18-05.01.02.00			端墙	
18-05.01.03.00			倒虹吸竖井	
18-05.01.04.00			截水墙	
18-05.01.05.00			帽石	
18-05.01.06.00			铺砌	
18-05.02.00.00		洞身		
18-05.02.01.00			混凝土管节	
18-05.02.02.00			管座	
18-05.02.03.00			箱节（箱涵）	
18-05.02.04.00			拱圈	
18-05.02.05.00			涵台（拱涵、盖板涵）	
18-05.02.06.00			盖板	
18-05.02.07.00			波形钢管节	
18-05.02.08.00			垫层	
18-06.00.00.00	隧道构件			
18-06.01.00.00		洞门构件		
18-06.01.01.00			端墙	
18-06.01.02.00			顶帽	
18-06.01.03.00			环框	
18-06.02.00.00		明洞		
18-06.02.01.00			明洞衬砌	
18-06.02.02.00			明洞回填	

续表 A.0.3

编 码	一 级 类	二 级 类	三 级 类	四 级 类
18-06.03.00.00		超前支护构件		
18-06.03.01.00			超前锚杆	
18-06.03.02.00			超前小导管	
18-06.03.03.00			超前管棚	
18-06.03.04.00			套拱	
18-06.04.00.00		初次支护构件		
18-06.04.01.00			系统锚杆	
18-06.04.02.00			锁脚锚杆	
18-06.04.03.00			钢筋网	
18-06.04.04.00			钢架	
18-06.04.05.00			喷射混凝土	
18-06.05.00.00		二次衬砌构件		
18-06.05.01.00			拱墙	
18-06.05.02.00			仰拱	
18-06.05.03.00			仰拱回填	
18-06.06.00.00		防排水构件		
18-06.06.01.00			止水带	
18-06.06.02.00			纵向排水管	
18-06.06.03.00			横向排水管	
18-06.06.04.00			环向排水管	
18-06.06.05.00			竖向排水管	
18-07.00.00.00	交通工程及沿线设施构件			
18-07.01.00.00		交通安全设施构件		
18-07.01.01.00			交通标线	
18-07.01.02.00			交通标志	
18-07.01.03.00			护栏和栏杆	
18-07.01.04.00			视线诱导设施	
18-07.01.05.00			隔离栅	
18-07.01.06.00			防落网	
18-07.01.07.00			声屏障	
18-07.01.08.00			防眩设施	
18-07.01.09.00			其他交通安全设施构件	
18-07.01.09.01				防风栅
18-07.01.09.02				防雪栅

续表 A.0.3

编　码	一　级　类	二　级　类	三　级　类	四　级　类
18-07.01.09.03				积雪标杆
18-07.01.09.04				限高架、限宽墩
18-07.01.09.05				减速丘
18-07.01.09.06				凸面镜
18-07.01.09.07				分道体
18-07.02.00.00		管理设施构件		
18-07.02.01.00			通用管理设施构件	
18-07.02.01.01				摄像机
18-07.02.01.02				交通信号灯
18-07.02.01.03				可变信息标志
18-07.02.01.04				设备机柜
18-07.02.01.05				服务器
18-07.02.01.06				计算机
18-07.02.01.07				显示器
18-07.02.01.08				空调
18-07.02.01.09				大屏幕
18-07.02.01.10				打印机
18-07.02.01.11				操作台
18-07.02.01.12				IP-SAN 磁盘阵列
18-07.02.01.13				硬盘录像机
18-07.02.01.14				视频编解码器
18-07.02.01.15				以太网交换机
18-07.02.01.16				光纤收发器
18-07.02.01.17				车辆检测器
18-07.02.01.18				线缆
18-07.02.01.19				走线架桥架
18-07.02.01.20				管道
18-07.02.01.21				沟槽
18-07.02.02.00			监控设施构件	
18-07.02.02.01				气象检测器
18-07.02.02.02				环境检测器
18-07.02.02.03				车道指示器
18-07.02.02.04				区域控制器
18-07.02.02.05				紧急电话及广播

续表 A.0.3

编 码	一级类	二级类	三级类	四级类
18-07.02.02.06				火灾探测报警设施
18-07.02.02.07				备用电源
18-07.02.03.00			收费设施构件	
18-07.02.03.01				收费亭
18-07.02.03.02				收费岛
18-07.02.03.03				栏杆
18-07.02.03.04				费额显示器
18-07.02.03.05				ETC 门架系统
18-07.02.03.06				ETC 天线
18-07.02.03.07				车牌自动识别设施
18-07.02.03.08				车道控制器
18-07.02.03.09				光栅分车器
18-07.02.03.10				计重设备
18-07.02.03.11				对讲及广播设施
18-07.02.04.00			通信设施构件	
18-07.02.04.01				电话
18-07.02.04.02				光纤线路终端
18-07.02.04.03				光纤网络单元
18-07.02.04.04				干线传输设备
18-07.02.04.05				综合语音接入网关
18-07.02.04.06				数字程控交换机
18-07.02.04.07				IAD 设备
18-07.02.04.08				配线设施
18-07.02.04.09				高频开关电源
18-07.02.04.10				蓄电池组
18-07.02.05.00			供配电设施构件	
18-07.02.05.01				高压柜
18-07.02.05.02				低压柜
18-07.02.05.03				变压器
18-07.02.05.04				柴油发电机组
18-07.02.06.00			照明设施构件	
18-07.02.06.01				照明灯具
18-07.02.07.00			通风设施构件	
18-07.02.07.01				风机

续表 A.0.3

编 码	一级类	二级类	三级类	四级类
18-07.02.08.00			消防设施构件	
18-07.02.08.01				灭火器
18-07.02.08.02				消防栓箱
18-07.02.08.03				灭火器箱
18-07.02.08.04				消火栓
18-07.02.08.05				水泵
18-07.02.08.06				防火门

注：1. 特殊路基处置中抗滑、支挡、防护构件应按本表支挡防护构件的有关规定执行。
2. 表中桥台挡土墙、坡面防护应按本表支挡防护构件的有关规定执行，隧道锚洞身应按本表隧道构件的有关规定执行，护栏应按本表交通安全设施构件的有关规定执行。
3. 表中涵洞基础、搭板、牛腿、锥坡应按本表桥梁构件的有关规定执行。
4. 表中隧道洞口挡土墙、坡面防护、排水沟（管）应按本表路基构件的有关规定执行，路面应按本表路面构件的有关规定执行，洞口翼墙应按本表涵洞构件的有关规定执行，监控设施、照明设施、消防设施和通风设施应按本表管理设施构件的有关规定执行。
5. 空白单元格表示此栏无内容。

A.0.4 公路工程建设阶段的分类和编码宜符合表 A.0.4 的规定。

表 A.0.4 建设阶段分类和编码

编 码	一级类	二级类	三级类	四级类
26-01.00.00.00	规划阶段			
26-01.01.00.00		工程预可行性研究		
26-01.02.00.00		工程可行性研究		
26-02.00.00.00	设计阶段			
26-02.01.00.00		初步设计及初勘		
26-02.02.00.00		技术设计		
26-02.03.00.00		施工图设计及详勘		
26-03.00.00.00	施工阶段			
26-03.01.00.00		施工准备		
26-03.02.00.00		施工过程		
26-03.03.00.00		交工验收		
26-04.00.00.00	运维阶段			
26-04.01.00.00		运维管理		

注：空白单元格表示此栏无内容。

A.0.5 公路工程专业领域的分类和编码宜符合表 A.0.5 的规定。

表 A.0.5　专业领域分类和编码

编　　码	一　级　类	二　级　类	三　级　类	四　级　类
27-01.00.00.00	路线			
27-02.00.00.00	路基			
27-03.00.00.00	路面			
27-04.00.00.00	桥梁			
27-05.00.00.00	隧道			
27-06.00.00.00	交通工程及沿线设施			
27-07.00.00.00	环境保护与景观设计			
27-08.00.00.00	其他工程			
27-08.01.00.00		渡口码头		
27-08.02.00.00		改路改渠		
27-08.03.00.00		改移河道		
27-08.04.00.00		防雪走廊		
27-09.00.00.00	工程造价			

注：1. 总体专业的职能由路线专业兼顾。
　　2. 空白单元格表示此栏无内容。

A.0.6　公路工程材料的分类和编码宜符合表 A.0.6 的规定。

表 A.0.6　材料分类和编码

编　　码	一　级　类	二　级　类	三　级　类	四　级　类
36-01.00.00.00	混凝土			
36-01.01.00.00		一般混凝土		
36-01.01.01.00			C15	
36-01.01.02.00			C20	
36-01.01.03.00			C25	
36-01.01.04.00			C30	
36-01.01.05.00			C35	
36-01.01.06.00			C40	
36-01.01.07.00			C45	
36-01.01.08.00			C50	
36-01.01.09.00			C55	
36-01.01.10.00			C60	
36-01.01.11.00			C65	
36-01.01.12.00			C70	
36-01.01.13.00			C75	
36-01.01.14.00			C80	

续表 A.0.6

编 码	一 级 类	二 级 类	三 级 类	四 级 类
36-01.02.00.00		特种混凝土		
36-01.02.01.00			自密实混凝土	
36-01.02.02.00			聚合物混凝土	
36-01.02.03.00			装饰混凝土	
36-01.02.04.00			超高性能混凝土	
36-01.02.05.00			抗渗混凝土	
36-01.02.06.00			防腐蚀混凝土	
36-01.03.00.00		新型混凝土		
36-01.03.01.00			再生混凝土	
36-01.03.02.00			清水混凝土	
36-01.03.03.00			透水混凝土	
36-01.03.04.00			泡沫混凝土	
36-01.03.05.00			纤维混凝土	
36-01.03.06.00			彩色混凝土	
36-02.00.00.00	混凝土外加剂			
36-02.01.00.00		普通减水剂		
36-02.02.00.00		高效减水剂		
36-02.03.00.00		早强减水剂		
36-02.04.00.00		缓凝减水剂		
36-02.05.00.00		引气减水剂		
36-02.06.00.00		早强剂		
36-02.07.00.00		速凝剂		
36-02.08.00.00		促凝剂		
36-02.09.00.00		缓凝剂		
36-02.10.00.00		引气剂		
36-02.11.00.00		防水剂		
36-02.12.00.00		阻锈剂		
36-02.13.00.00		加气剂		
36-02.14.00.00		膨胀剂		
36-02.15.00.00		防冻剂		
36-02.16.00.00		着色剂		
36-02.17.00.00		泵送剂		
36-02.18.00.00		固化剂		
36-02.19.00.00		絮凝剂		
36-02.20.00.00		保水剂		

续表 A.0.6

编 码	一 级 类	二 级 类	三 级 类	四 级 类
36-02.21.00.00		增稠剂		
36-02.22.00.00		减缩剂		
36-02.23.00.00		保塑剂		
36-02.24.00.00		复合型外加剂		
36-02.25.00.00		疏水化合孔栓物（克汰）		
36-03.00.00.00	掺合料			
36-03.01.00.00		粉煤灰		
36-03.02.00.00		硅粉		
36-03.03.00.00		矿渣		
36-03.04.00.00		矿粉		
36-03.05.00.00		钢纤维		
36-03.06.00.00		聚丙烯纤维		
36-03.07.00.00		聚丙烯腈纤维		
36-03.08.00.00		聚酰胺纤维		
36-03.09.00.00		聚酯纤维		
36-03.10.00.00		木质素纤维		
36-03.11.00.00		海工混凝土掺合料		
36-03.12.00.00		HAS耐水土壤固化剂		
36-03.13.00.00		干粉料		
36-04.00.00.00	混凝土制品			
36-04.01.00.00		混凝土涵管		
36-04.02.00.00		混凝土管桩（PC桩）		
36-04.03.00.00		混凝土管桩（PHC桩）		
36-04.04.00.00		混凝土管桩（PTC桩）		
36-04.05.00.00		混凝土方桩		
36-04.06.00.00		混凝土电杆		
36-04.07.00.00		预制板		
36-04.08.00.00		混凝土路面砖		
36-04.09.00.00		混凝土路缘石		
36-04.10.00.00		混凝土轨枕		
36-04.11.00.00		钢纤维混凝土水算盖		
36-04.12.00.00		十字桩尖		
36-05.00.00.00	砂浆			
36-05.01.00.00		M5		

续表 A.0.6

编　码	一　级　类	二　级　类	三　级　类	四　级　类
36-05.02.00.00		M7.5		
36-05.03.00.00		M10		
36-05.04.00.00		M15		
36-05.05.00.00		M20		
36-05.06.00.00		M30		
36-06.00.00.00		沥青		
36-06.01.00.00		天然沥青		
36-06.02.00.00		建筑石油沥青		
36-06.03.00.00		道路石油沥青		
36-06.04.00.00		重交通道路石油沥青		
36-06.05.00.00		电缆石油沥青		
36-06.06.00.00		防水防潮石油沥青		
36-06.07.00.00		专用石油沥青		
36-06.08.00.00		管道防腐沥青		
36-06.09.00.00		油漆石油沥青		
36-06.10.00.00		煤沥青		
36-06.11.00.00		渣油		
36-06.12.00.00		乳化沥青		
36-06.13.00.00		改性沥青		
36-06.14.00.00		基质沥青		
36-06.15.00.00		橡胶沥青		
36-07.00.00.00		沥青混合料		
36-07.01.00.00		SMA10		
36-07.02.00.00		SMA13		
36-07.03.00.00		SMA16		
36-07.04.00.00		AC10		
36-07.05.00.00		AC13		
36-07.06.00.00		AC16		
36-07.07.00.00		AC20		
36-07.08.00.00		AC25		
36-07.09.00.00		ATB25		
36-08.00.00.00		石材		
36-08.01.00.00		MU20		
36-08.02.00.00		MU30		

续表 A.0.6

编 码	一 级 类	二 级 类	三 级 类	四 级 类
36-08.03.00.00		MU40		
36-08.04.00.00		MU50		
36-08.05.00.00		MU60		
36-08.06.00.00		MU80		
36-08.07.00.00		MU100		
36-08.08.00.00		MU120		
36-09.00.00.00	水泥			
36-10.00.00.00	木材			
36-11.00.00.00	竹木板材			
36-12.00.00.00	玻璃			
36-12.01.00.00		平板玻璃		
36-12.02.00.00		浮法玻璃		
36-12.03.00.00		钢化玻璃		
36-12.04.00.00		压花玻璃		
36-12.05.00.00		夹丝玻璃		
36-12.06.00.00		中空玻璃		
36-12.07.00.00		彩色玻璃		
36-12.08.00.00		磨砂玻璃		
36-12.09.00.00		特种玻璃		
36-13.00.00.00	填料			
36-13.01.00.00		路基填料		
36-14.00.00.00	钢材			
36-14.01.00.00		碳素结构钢（Q235）		
36-14.02.00.00		优质碳素结构钢		
36-14.03.00.00		低合金高强度结构钢		
36-14.03.01.00			Q345	
36-14.03.02.00			Q390	
36-14.03.03.00			Q420	
36-14.04.00.00		合金结构钢		
36-14.05.00.00		耐候性结构钢		
36-14.06.00.00		桥梁用结构钢		
36-14.07.00.00		不锈钢		
36-15.00.00.00	钢筋			
36-15.01.00.00		R235		

续表 A.0.6

编 码	一级类	二级类	三级类	四级类
36-15.02.00.00		HRB335		
36-15.03.00.00		HRB400		
36-15.04.00.00		KL400		
36-15.05.00.00		HPB300		
36-15.06.00.00		HPB335		
36-15.07.00.00		HPB400		
36-15.08.00.00		HPB500		
36-15.09.00.00		HPBF300		
36-15.10.00.00		HPBF335		
36-15.11.00.00		HPBF400		
36-15.12.00.00		HPBF500		
36-16.00.00.00	型钢			
36-16.01.00.00		方钢		
36-16.02.00.00		六角钢		
36-16.03.00.00		八角钢		
36-16.04.00.00		扁钢		
36-16.05.00.00		角钢		
36-16.06.00.00		工字钢		
36-16.07.00.00		槽钢		
36-16.08.00.00		钢轨		
36-16.09.00.00		热轧H型钢		
36-16.10.00.00		剖分T型钢		
36-16.11.00.00		热轧L型钢		
36-16.12.00.00		冷弯型钢		
36-17.00.00.00	钢板、钢带			
36-17.01.00.00		热轧钢板		
36-17.02.00.00		冷轧钢板		
36-17.03.00.00		低合金钢板		
36-17.04.00.00		船体用钢板		
36-17.05.00.00		桥梁用钢板		
36-17.06.00.00		碳结钢板		
36-17.07.00.00		不锈钢板		
36-17.08.00.00		花纹钢板		
36-17.09.00.00		镀锌钢板		

续表 A.0.6

编　码	一　级　类	二　级　类	三　级　类	四　级　类
36-17.10.00.00		镀锡钢板		
36-17.11.00.00		彩色涂层钢板		
36-17.12.00.00		热轧钢带		
36-17.13.00.00		冷轧钢带		
36-17.14.00.00		镀锌钢带		
36-17.15.00.00		镀锡钢带		
36-17.16.00.00		硅钢片		
36-18.00.00.00	钢管			
36-18.01.00.00		直缝焊管		
36-18.02.00.00		镀锌钢管		
36-18.03.00.00		螺旋焊管		
36-18.04.00.00		热轧无缝钢管		
36-18.05.00.00		冷拔（轧）无缝钢管		
36-18.06.00.00		热轧不锈钢管		
36-18.07.00.00		冷拔不锈钢管		
36-18.08.00.00		异型钢管		
36-18.09.00.00		复合钢管		
36-19.00.00.00	金属制品			
36-19.01.00.00		低碳螺纹钢丝		
36-19.02.00.00		预应力钢丝		
36-19.03.00.00		热镀锌钢丝		
36-19.04.00.00		预应力钢绞线		
36-19.05.00.00		镀锌钢绞线		
36-19.06.00.00		涂层钢绞线		
36-19.07.00.00		钢丝绳		
36-19.08.00.00		镀锌钢丝绳		
36-19.09.00.00		钢筋焊网		
36-19.10.00.00		钢格板		
36-20.00.00.00	土工合成材料			
36-20.01.00.00		土工加筋带		
36-20.02.00.00		土工布		
36-20.03.00.00		土工膜		
36-20.04.00.00		土工模袋		
36-20.05.00.00		有纺土工织物		

续表 A.0.6

编 码	一级类	二级类	三级类	四级类
36-20.06.00.00		土工格栅		
36-20.07.00.00		土工格室		
36-20.08.00.00		土工网		
36-20.09.00.00		塑料排水板（带）		
36-20.10.00.00		沙井袋		
36-20.11.00.00		透水管		
36-21.00.00.00	其他材料			
36-21.01.00.00		瓷砖		
36-21.02.00.00		烧结普通砖		
36-21.03.00.00		多孔砖		
36-21.04.00.00		水泥花砖		
36-21.05.00.00		粉煤灰砖		
36-21.06.00.00		烧结空心砖		
36-21.07.00.00		石棉瓦		
36-21.08.00.00		水泥瓦		
36-21.09.00.00		玻璃钢瓦		
36-21.10.00.00		黏土瓦		
36-21.11.00.00		琉璃瓦		
36-21.12.00.00		彩钢瓦		
36-21.13.00.00		粉煤灰砌块		
36-21.14.00.00		烧结空心砌块		
36-21.15.00.00		石膏		

注：空白单元格表示此栏无内容。

A.0.7 公路工程特征属性的分类和编码宜符合表 A.0.7 的规定。

表 A.0.7 特征属性分类和编码

编 码	一级类	二级类	三级类	四级类
46-01.00.00.00	通用特征属性			
46-01.01.00.00		公路技术等级		
46-01.01.01.00			高速公路	
46-01.01.02.00			一级公路	
46-01.01.03.00			二级公路	
46-01.01.04.00			三级公路	
46-01.01.05.00			四级公路	
46-01.01.06.00			等外公路	

续表 A.0.7

编 码	一级类	二级类	三级类	四级类
46-01.02.00.00		公路功能等级		
46-01.02.01.00			主要干线公路	
46-01.02.02.00			次要干线公路	
46-01.02.03.00			主要集散公路	
46-01.02.04.00			次要集散公路	
46-01.02.05.00			支线公路	
46-01.03.00.00		公路行政等级		
46-01.03.01.00			国道	
46-01.03.02.00			省道	
46-01.03.03.00			县道	
46-01.03.04.00			乡道	
46-01.03.05.00			村道	
46-01.03.06.00			专用公路	
46-01.04.00.00		设计时速（km/h）		
46-01.04.01.00			5	
46-01.04.02.00			10	
46-01.04.03.00			20	
46-01.04.04.00			30	
46-01.04.05.00			40	
46-01.04.06.00			60	
46-01.04.07.00			80	
46-01.04.08.00			100	
46-01.04.09.00			120	
46-01.05.00.00		设计洪水频率		
46-01.05.01.00			1/300	
46-01.05.02.00			1/100	
46-01.05.03.00			1/50	
46-01.05.04.00			1/25	
46-01.05.05.00			不作规定	
46-01.06.00.00		设计年限（年）		
46-01.06.01.00			10	
46-01.06.02.00			15	
46-01.06.03.00			20	
46-01.06.04.00			30	

续表 A.0.7

编 码	一 级 类	二 级 类	三 级 类	四 级 类
46-01.06.05.00			40	
46-01.06.06.00			50	
46-01.06.07.00			100	
46-01.06.08.00			其他	
46-01.07.00.00		设计基准期（年）		
46-01.07.01.00			25	
46-01.07.02.00			50	
46-01.07.03.00			100	
46-01.07.04.00			300	
46-01.07.05.00			其他	
46-01.08.00.00		抗震烈度（度）		
46-01.08.01.00			6以下	
46-01.08.02.00			6	
46-01.08.03.00			7	
46-01.08.04.00			8	
46-01.08.05.00			9及9以上	
46-01.09.00.00		安全等级		
46-01.09.01.00			一级	
46-01.09.02.00			二级	
46-01.09.03.00			三级	
46-01.10.00.00		荷载等级		
46-01.10.01.00			公路Ⅰ级	
46-01.10.02.00			公路Ⅱ级	
46-01.11.00.00		施工方法		
46-01.11.01.00			现场浇筑	
46-01.11.02.00			预制安装	
46-02.00.00.00	路线特征属性			
46-02.01.00.00		平面交叉类型		
46-02.01.01.00			T形交叉	
46-02.01.02.00			Y形交叉	
46-02.01.03.00			十字形交叉	
46-02.01.04.00			斜形交叉	
46-02.01.05.00			错位交叉	
46-02.01.06.00			多岔交叉	

续表 A.0.7

编 码	一 级 类	二 级 类	三 级 类	四 级 类
46-02.01.07.00			环形交叉	
46-02.01.08.00			折角式交叉	
46-02.01.09.00			其他形式交叉	
46-02.02.00.00		立体交叉类型		
46-02.02.01.00			喇叭形立体交叉	
46-02.02.02.00			菱形立体交叉	
46-02.02.03.00			环形立体交叉	
46-02.02.04.00			苜蓿叶形立体交叉	
46-02.02.05.00			部分苜蓿叶形立体交叉	
46-02.02.06.00			Y形立体交叉	
46-02.02.07.00			喇叭形加Y形立体交叉	
46-02.02.08.00			分离式立体交叉	
46-02.02.09.00			互通式立体交叉	
46-02.03.00.00		与其他设施交叉		
46-03.00.00.00	路基特征属性			
46-03.01.00.00		路基填挖类型		
46-03.01.01.00			填方	
46-03.01.02.00			挖方	
46-03.01.03.00			半填半挖	
46-03.01.04.00			不填不挖	
46-03.02.00.00		路基横断面类型		
46-03.02.01.00			分离式路基	
46-03.02.02.00			整体式路基	
46-03.03.00.00		路基位置		
46-03.03.01.00			左幅	
46-03.03.02.00			右幅	
46-03.04.00.00		路拱形式		
46-03.04.01.00			直线型	
46-03.04.02.00			抛物线型	
46-03.04.03.00			圆曲线型	
46-03.05.00.00		沟截面形式		
46-03.05.01.00			梯形	
46-03.05.02.00			矩形	
46-03.05.03.00			三角形	

续表 A.0.7

编码	一级类	二级类	三级类	四级类
46-03.05.04.00			流线型	
46-03.06.00.00		跌水形式		
46-03.06.01.00			单级	
46-03.06.02.00			多级	
46-03.07.00.00		边坡类型		
46-03.07.01.00			填方边坡	
46-03.07.02.00			挖方边坡	
46-03.07.03.00			放平边坡	
46-03.07.04.00			垂直边坡	
46-03.08.00.00		边坡等级		
46-03.08.01.00			一级	
46-03.08.02.00			二级	
46-03.08.03.00			三级	
46-03.08.04.00			多级	
46-04.00.00.00	路面特征属性			
46-04.01.00.00		路面类型		
46-04.01.01.00			水泥混凝土路面	
46-04.01.02.00			沥青路面	
46-04.01.03.00			其他路面	
46-04.02.00.00		路面等级		
46-04.02.01.00			高级路面	
46-04.02.02.00			次高级路面	
46-04.02.03.00			中级路面	
46-04.02.04.00			低级路面	
46-04.02.05.00			无路面（未铺装的路面）	
46-04.02.06.00			其他	
46-04.03.00.00		路缘石类型		
46-04.03.01.00			立缘石	
46-04.03.02.00			平缘石	
46-04.04.00.00		路肩类型		
46-04.04.01.00			无路肩	
46-04.04.02.00			土路肩	
46-04.04.03.00			硬路肩	
46-04.04.04.00			其他	

续表 A.0.7

编 码	一 级 类	二 级 类	三 级 类	四 级 类
46-04.05.00.00		分隔带类型		
46-04.05.01.00			中央带	
46-04.05.02.00			两侧带	
46-05.00.00.00	桥梁特征属性			
46-05.01.00.00		桥梁结构形式		
46-05.01.01.00			梁式桥	
46-05.01.02.00			拱式桥	
46-05.01.03.00			斜拉桥	
46-05.01.04.00			悬索桥	
46-05.01.05.00			组合体系桥	
46-05.02.00.00		桥梁规模		
46-05.02.01.00			小桥	
46-05.02.02.00			中桥	
46-05.02.03.00			大桥	
46-05.02.04.00			特大桥	
46-05.03.00.00		通航等级		
46-05.03.01.00			不通航	
46-05.03.02.00			一级航道	
46-05.03.03.00			二级航道	
46-05.03.04.00			三级航道	
46-05.03.05.00			四级航道	
46-05.03.06.00			五级航道	
46-05.03.07.00			六级航道	
46-05.03.08.00			七级航道	
46-05.03.09.00			七级航道以下	
46-05.04.00.00		桥梁跨数		
46-05.04.01.00			单跨	
46-05.04.02.00			多跨	
46-05.05.00.00		主梁结构		
46-05.05.01.00			简支梁桥	
46-05.05.02.00			连续梁桥	
46-05.05.03.00			悬臂梁桥	
46-05.05.04.00			T形刚构桥	
46-05.05.05.00			连续刚构桥	

续表 A.0.7

编　码	一　级　类	二　级　类	三　级　类	四　级　类
46-05.05.06.00			门式刚架桥	
46-05.05.07.00			斜腿刚架桥	
46-05.06.00.00		梁式桥截面形式		
46-05.06.01.00			板梁	
46-05.06.02.00			T梁	
46-05.06.03.00			箱梁	
46-05.06.04.00			桁架梁	
46-05.06.05.00			组合梁	
46-05.07.00.00		拱式桥车道位置		
46-05.07.01.00			上承式	
46-05.07.02.00			中承式	
46-05.07.03.00			下承式	
46-05.08.00.00		拱式桥受力形态		
46-05.08.01.00			单铰拱	
46-05.08.02.00			双铰拱	
46-05.08.03.00			三铰拱	
46-05.08.04.00			无铰拱	
46-05.09.00.00		拱式桥截面		
46-05.09.01.00			板拱	
46-05.09.02.00			肋拱	
46-05.09.03.00			双曲拱	
46-05.09.04.00			箱形拱	
46-05.10.00.00		拱肋肢数		
46-05.10.01.00			单肢拱肋	
46-05.10.02.00			双肢拱肋	
46-05.10.03.00			三肢拱肋	
46-05.10.04.00			四肢拱肋	
46-05.11.00.00		拱轴线形态		
46-05.11.01.00			圆弧拱桥	
46-05.11.02.00			抛物线拱桥	
46-05.11.03.00			悬链线拱桥	
46-05.12.00.00		拱肋形态		
46-05.12.01.00			桁架拱桥	
46-05.12.02.00			刚架拱桥	

续表 A.0.7

编 码	一 级 类	二 级 类	三 级 类	四 级 类
46-05.13.00.00		斜拉桥结构形式		
46-05.13.01.00			漂浮体系	
46-05.13.02.00			半漂浮体系	
46-05.13.03.00			塔梁固结体系	
46-05.13.04.00			刚构体系	
46-05.14.00.00		斜拉桥塔数		
46-05.14.01.00			独塔	
46-05.14.02.00			双塔	
46-05.14.03.00			多塔	
46-05.15.00.00		斜拉桥截面形式		
46-05.15.01.00			板式	
46-05.15.02.00			双主梁	
46-05.15.03.00			单箱单室	
46-05.15.04.00			单箱多室	
46-05.16.00.00		横向塔柱形式		
46-05.16.01.00			柱式	
46-05.16.02.00			门式	
46-05.16.03.00			A 形	
46-05.16.04.00			倒 Y 形	
46-05.16.05.00			菱形	
46-05.17.00.00		纵向塔数		
46-05.17.01.00			独塔	
46-05.17.02.00			双塔	
46-05.17.03.00			多塔	
46-05.18.00.00		索面布置		
46-05.18.01.00			单索面	
46-05.18.02.00			双索面	
46-05.18.03.00			多索面	
46-05.18.04.00			空间索面	
46-05.19.00.00		斜拉索形态		
46-05.19.01.00			辐射形	
46-05.19.02.00			竖琴形	
46-05.19.03.00			扇形	
46-05.20.00.00		锚固形式		

续表 A.0.7

编 码	一级类	二级类	三级类	四级类
46-05.20.01.00			自锚式	
46-05.20.02.00			地锚式	
46-05.21.00.00		锚碇形式		
46-05.21.01.00			重力式锚碇	
46-05.21.02.00			隧道式锚碇	
46-05.21.03.00			岩锚锚碇	
46-05.22.00.00		锚碇锚固系统类型		
46-05.22.01.00			预应力锚固	
46-05.22.02.00			钢架锚固	
46-05.22.03.00			锚头承压式	
46-05.22.04.00			销接式	
46-05.23.00.00		吊杆/系杆类型		
46-05.23.01.00			钢丝	
46-05.23.02.00			钢绞线	
46-05.23.03.00			钢管	
46-05.24.00.00		吊索		
46-05.24.01.00			骑跨式吊索	
46-05.24.02.00			销接式吊索	
46-05.25.00.00		索夹		
46-05.25.01.00			骑跨式索夹	
46-05.25.02.00			销接式索夹	
46-05.25.03.00			锥形封闭索	
46-05.26.00.00		悬索桥锚固系统		
46-05.26.01.00			预应力锚固	
46-05.26.02.00			型钢锚固	
46-05.26.03.00			锚头承压式	
46-05.26.04.00			销接式	
46-05.27.00.00		主索鞍		
46-05.27.01.00			整体式主索鞍	
46-05.27.02.00			分体式主索鞍	
46-05.28.00.00		散索鞍		
46-05.28.01.00			摆轴式散索鞍	
46-05.28.02.00			滚轴式散索鞍	
46-05.28.03.00			滑动式散索鞍	

续表 A.0.7

编　码	一　级　类	二　级　类	三　级　类	四　级　类
46-05.29.00.00		加劲梁形式		
46-05.29.01.00			桁架式	
46-05.29.02.00			钢箱式	
46-05.30.00.00		悬索桥悬吊跨数		
46-05.30.01.00			单跨	
46-05.30.02.00			三跨	
46-05.30.03.00			四跨	
46-05.30.04.00			五跨	
46-05.31.00.00		T梁截面形式		
46-05.31.01.00			I形	
46-05.31.02.00			II形	
46-05.31.03.00			T形	
46-05.31.04.00			双T形	
46-05.31.05.00			组合型	
46-05.32.00.00		箱形截面		
46-05.32.01.00			单箱单室	
46-05.32.02.00			单箱多室	
46-05.32.03.00			多箱单室	
46-05.32.04.00			多箱多室	
46-05.33.00.00		截面梁数		
46-05.33.01.00			单梁	
46-05.33.02.00			多梁	
46-05.34.00.00		腹杆布置形式		
46-05.34.01.00			芬克式	
46-05.34.02.00			人字式	
46-05.34.03.00			单斜杆式	
46-05.34.04.00			再分式	
46-05.34.05.00			交叉式	
46-05.34.06.00			K形	
46-05.34.07.00			菱形	
46-05.35.00.00		预应力类型		
46-05.35.01.00			全预应力	
46-05.35.02.00			A类预应力	
46-05.35.03.00			B类预应力	

续表 A.0.7

编　　码	一　级　类	二　级　类	三　级　类	四　级　类
46-05.36.00.00		预应力筋张拉方式		
46-05.36.01.00			单端张拉	
46-05.36.02.00			两端张拉	
46-05.37.00.00		预应力筋张拉方法		
46-05.37.01.00			先张法	
46-05.37.02.00			后张法	
46-05.38.00.00		预应力筋受力类型		
46-05.38.01.00			体内	
46-05.38.02.00			体外	
46-05.39.00.00		预应力筋约束方式		
46-05.39.01.00			体内	
46-05.39.02.00			体外	
46-05.40.00.00		预应力筋黏结类型		
46-05.40.01.00			有黏结	
46-05.40.02.00			无黏结	
46-05.41.00.00		预应力筋类型		
46-05.41.01.00			钢绞线	
46-05.41.02.00			消除应力钢丝	
46-05.41.03.00			精轧螺纹钢筋	
46-05.42.00.00		锚具类型		
46-05.42.01.00			夹片式锚	
46-05.42.02.00			锥形锚	
46-05.42.03.00			墩头锚	
46-05.42.04.00			螺母锚	
46-05.42.05.00			挤压锚	
46-05.43.00.00		加劲肋类型		
46-05.43.01.00			U形肋	
46-05.43.02.00			板肋	
46-05.44.00.00		支座类型		
46-05.44.01.00			板式橡胶支座	
46-05.44.02.00			盆式橡胶支座	
46-05.44.03.00			铅芯橡胶支座	
46-05.44.04.00			高阻尼隔震橡胶支座	
46-05.44.05.00			平板支座	

续表 A.0.7

编 码	一 级 类	二 级 类	三 级 类	四 级 类
46-05.44.06.00			弧形支座	
46-05.44.07.00			摇轴支座	
46-05.44.08.00			辊轴支座	
46-05.44.09.00			球形钢支座	
46-05.44.10.00			油毡垫支座	
46-05.44.11.00			钢筋混凝土块支座	
46-05.44.12.00			组合式支座	
46-05.44.13.00			其他类型支座	
46-05.45.00.00		支座形式		
46-05.45.01.00			固定支座	
46-05.45.02.00			单向活动支座	
46-05.45.03.00			多向活动支座	
46-05.46.00.00		桥墩类型		
46-05.46.01.00			无桥墩	
46-05.46.02.00			重力式墩	
46-05.46.03.00			单柱墩	
46-05.46.04.00			双柱墩	
46-05.46.05.00			多柱墩	
46-05.46.06.00			桁架式墩	
46-05.46.07.00			构架式墩	
46-05.46.08.00			排架墩	
46-05.46.09.00			双壁墩	
46-05.46.10.00			X形墩	
46-05.46.11.00			Y形墩	
46-05.46.12.00			V形墩	
46-05.46.13.00			H形墩	
46-05.46.14.00			薄壁墩	
46-05.46.15.00			石砌轻型墩	
46-05.46.16.00			混合式墩	
46-05.46.17.00			其他	
46-05.47.00.00		桥墩受力特点		
46-05.47.01.00			刚性	
46-05.47.02.00			柔性	
46-05.48.00.00		桥墩截面形式		

续表 A.0.7

编 码	一 级 类	二 级 类	三 级 类	四 级 类
46-05.48.01.00			矩形	
46-05.48.02.00			圆形	
46-05.48.03.00			圆端型	
46-05.48.04.00			尖端型	
46-05.48.05.00			组合型	
46-05.49.00.00		桥墩构造		
46-05.49.01.00			实体墩	
46-05.49.02.00			空心墩	
46-05.49.03.00			柱式墩	
46-05.49.04.00			框架墩	
46-05.50.00.00		桥墩防撞形式		
46-05.50.01.00			桩支撑系统	
46-05.50.02.00			人工岛系统	
46-05.50.03.00			漂浮式保护系统	
46-05.50.04.00			系缆桩保护系统	
46-05.50.05.00			防护板系统	
46-05.51.00.00		桥台类型		
46-05.51.01.00			无桥台	
46-05.51.02.00			U形桥台	
46-05.51.03.00			八字形桥台	
46-05.51.04.00			埋置式桥台	
46-05.51.05.00			拱形桥台	
46-05.51.06.00			埋置衡重式桥台	
46-05.51.07.00			空箱式桥台	
46-05.51.08.00			构架式桥台	
46-05.51.09.00			双柱框架式桥台	
46-05.51.10.00			多柱框架式桥台	
46-05.51.11.00			墙式桥台	
46-05.51.12.00			组合式桥台	
46-05.51.13.00			支撑式桥台	
46-05.51.14.00			一字形桥台	
46-05.51.15.00			扶壁(空腹)式桥台	
46-05.51.16.00			锚定板式桥台	
46-05.51.17.00			其他	

续表 A.0.7

编 码	一级类	二级类	三级类	四级类
46-05.52.00.00		伸缩装置		
46-05.52.01.00			无伸缩装置	
46-05.52.02.00			锌铁皮U形伸缩装置	
46-05.52.03.00			钢板伸缩装置	
46-05.52.04.00			橡胶伸缩装置	
46-05.52.05.00			无缝式伸缩装置	
46-05.52.06.00			自然留缝	
46-05.52.07.00			梳形钢板伸缩装置	
46-05.52.08.00			异型钢单缝式伸缩装置	
46-05.52.09.00			模数式伸缩装置	
46-05.52.10.00			其他	
46-05.53.00.00		钢筋种类		
46-05.53.01.00			纵筋	
46-05.53.02.00			箍筋	
46-05.53.03.00			斜筋	
46-05.53.04.00			弯筋	
46-05.54.00.00		钢筋截面形式		
46-05.54.01.00			圆形	
46-05.54.02.00			矩形	
46-05.54.03.00			带肋	
46-06.00.00.00	涵洞特征属性			
46-06.01.00.00		功能类型		
46-06.01.01.00			通道	
46-06.01.02.00			灌溉	
46-06.01.03.00			排水	
46-06.01.04.00			管线交叉	
46-06.02.00.00		水利性能类型		
46-06.02.01.00			无压式	
46-06.02.02.00			半压式	
46-06.02.03.00			压力式	
46-06.03.00.00		洞口形式		
46-06.03.01.00			八字墙式	
46-06.03.02.00			一字墙式	
46-06.03.03.00			平头式	

续表 A.0.7

编 码	一 级 类	二 级 类	三 级 类	四 级 类
46-06.03.04.00			走廊式	
46-06.03.05.00			跌水井式	
46-07.00.00.00	隧道特征属性			
46-07.01.00.00		隧道断面形式		
46-07.01.01.00			矩形隧道	
46-07.01.02.00			圆形隧道	
46-07.01.03.00			马蹄形隧道	
46-07.01.04.00			直墙拱顶隧道	
46-07.02.00.00		隧道规模		
46-07.02.01.00			短隧道	
46-07.02.02.00			中隧道	
46-07.02.03.00			长隧道	
46-07.02.04.00			特长隧道	
46-07.03.00.00		隧道地质		
46-07.03.01.00			土质隧道	
46-07.03.02.00			石质隧道	
46-07.04.00.00		隧道位置		
46-07.04.01.00			山岭隧道	
46-07.04.02.00			水下隧道	
46-07.04.03.00			城市隧道	
46-07.05.00.00		隧道路面横坡类型		
46-07.05.01.00			单向坡	
46-07.05.02.00			双向人字坡	
46-07.06.00.00		横断面布置形式		
46-07.06.01.00			直墙式单心圆拱	
46-07.06.02.00			直墙式坦顶双心圆拱	
46-07.06.03.00			直墙式尖顶三心圆拱	
46-07.06.04.00			曲墙式单心圆拱	
46-07.06.05.00			曲墙式坦顶双心圆拱	
46-07.06.06.00			曲墙式尖顶三心圆拱	
46-07.06.07.00			多心圆拱	
46-07.06.08.00			其他	
46-07.07.00.00		环境作用等级		
46-07.07.01.00			A	

续表 A.0.7

编　码	一　级　类	二　级　类	三　级　类	四　级　类
46-07.07.02.00			B	
46-07.07.03.00			C	
46-07.07.04.00			D	
46-07.07.05.00			E	
46-07.07.06.00			F	
46-07.08.00.00		防水等级		
46-07.08.01.00			一级	
46-07.08.02.00			二级	
46-07.08.03.00			三级	
46-07.08.04.00			四级	
46-07.09.00.00		进洞方式		
46-07.09.01.00			贴壁进洞法	
46-07.09.02.00			套拱加短管棚进洞法	
46-07.09.03.00			套拱加长管棚进洞法	
46-07.09.04.00			地表锚杆预加固进洞法	
46-07.09.05.00			回填暗挖进洞法	
46-07.09.06.00			半明半暗进洞法	
46-07.09.07.00			斜交进洞法	
46-07.10.00.00		洞口形式		
46-07.10.01.00			翼墙式正交洞口	
46-07.10.02.00			翼墙式斜交洞口	
46-07.10.03.00			无翼墙正交洞口	
46-07.10.04.00			无翼墙斜交洞口	
46-07.10.05.00			端墙式洞口	
46-07.10.06.00			柱式洞口	
46-07.10.07.00			台阶式洞口	
46-07.10.08.00			环框式洞口	
46-07.10.09.00			其他	
46-07.11.00.00		围岩等级		
46-07.11.01.00			Ⅰ类	
46-07.11.02.00			Ⅱ类	
46-07.11.03.00			Ⅲ类	
46-07.11.04.00			Ⅳ类	
46-07.11.05.00			Ⅴ类	

续表 A.0.7

编 码	一 级 类	二 级 类	三 级 类	四 级 类
46-07.11.06.00			Ⅵ类	
46-07.12.00.00		辅助通道类型		
46-07.12.01.00			横洞	
46-07.12.02.00			洞室（洞房）	
46-07.12.03.00			竖井（斜井）	
46-07.13.00.00		衬砌结构类型		
46-07.13.01.00			喷锚衬砌	
46-07.13.02.00			整体式衬砌	
46-07.13.03.00			复合式衬砌	
46-07.13.04.00			离壁式衬砌	
46-07.13.05.00			装配式衬砌	

注：空白单元格表示此栏无内容。

A.0.8 公路工程地形地质的分类和编码宜符合表 A.0.8 的规定。

表 A.0.8 地形地质分类和编码

编 码	一 级 类	二 级 类	三 级 类	四 级 类
51-01.00.00.00	地形、地貌、地物			
51-01.01.00.00		地形		
51-01.01.01.00			山岭	
51-01.01.02.00			重丘	
51-01.01.03.00			微丘	
51-01.01.04.00			平原	
51-01.02.00.00		地貌		
51-01.02.01.00			山岭	
51-01.02.02.00			重丘	
51-01.02.03.00			微丘	
51-01.02.04.00			平原	
51-01.02.05.00			沙漠	
51-01.02.06.00			河流	
51-01.02.07.00			湖泊	
51-01.02.08.00			大海	
51-01.02.09.00			草原	
51-01.02.10.00			峡谷	
51-01.02.11.00			沼泽	
51-01.02.12.00			其他	

续表 A.0.8

编 码	一 级 类	二 级 类	三 级 类	四 级 类
51-01.03.00.00		地物		
51-01.03.01.00			旱田（旱地）	
51-01.03.02.00			水田	
51-01.03.03.00			荒地	
51-01.03.04.00			水库	
51-01.03.05.00			泉	
51-01.03.06.00			闸坝	
51-01.03.07.00			池塘	
51-01.03.08.00			盐田	
51-01.03.09.00			水渠	
51-01.03.10.00			树林	
51-01.03.10.01				森林（自然树林）
51-01.03.10.02				经济林（种植树林）
51-01.03.10.03				果园
51-01.03.11.00			建筑物	
51-01.03.12.00			自然保护区	
51-01.03.13.00			风景区（旅游景点）	
51-01.03.14.00			文物古迹	
51-01.03.15.00			长城	
51-01.03.16.00			城市	
51-01.03.16.01				乡镇
51-01.03.16.02				村庄（居民点）
51-01.03.16.03				城市（县级及县级以上）
51-01.03.16.04				城市道路
51-01.03.16.05				路旁管线
51-01.03.16.06				水渠
51-01.03.17.00			机场	
51-01.03.17.01				干线机场
51-01.03.17.02				支线机场
51-01.03.18.00			轨道交通	
51-01.03.18.01				铁路
51-01.03.18.02				铁路火车站
51-01.03.18.03				城铁（地铁）

续表 A.0.8

编码	一级类	二级类	三级类	四级类
51-01.03.18.04				城铁（地铁）站
51-01.03.19.00			管线	
51-01.03.19.01				路上管线
51-01.03.19.02				路下管线
51-01.03.19.03				光缆
51-01.03.20.00			其他	
51-02.00.00.00	地质			
51-02.01.00.00		地质元素		
51-02.01.01.00			探井	
51-02.01.02.00			探槽	
51-02.01.03.00			探坑	
51-02.01.04.00			钻孔	
51-02.01.05.00			地层	
51-02.02.00.00		地质条件		
51-02.02.01.00			复杂	
51-02.02.02.00			较复杂	
51-02.02.03.00			简单	
51-02.03.00.00		地质构造类型		
51-02.03.01.00			断层	
51-02.03.02.00			褶皱	
51-02.03.03.00			节理	
51-02.03.04.00			破碎带	
51-02.04.00.00		岩土类型		
51-02.04.01.00			碎石土	
51-02.04.02.00			砂土	
51-02.04.03.00			粉土	
51-02.04.04.00			黏性土	
51-02.04.05.00			特殊岩土	
51-02.04.05.01				黄土
51-02.04.05.02				冻土
51-02.04.05.03				膨胀性岩土
51-02.04.05.04				盐渍土
51-02.04.05.05				软土
51-02.04.05.06				花岗岩残积土

续表 A.0.8

编 码	一 级 类	二 级 类	三 级 类	四 级 类
51-02.04.05.07				填土
51-02.04.05.08				红黏土
51-02.04.06.00			岩浆岩	
51-02.04.07.00			沉积岩	
51-02.04.08.00			变质岩	
51-02.05.00.00		不良地质		
51-02.05.01.00			岩溶	
51-02.05.02.00			滑坡	
51-02.05.03.00			危岩、崩塌与岩堆	
51-02.05.04.00			泥石流	
51-02.05.05.00			积雪	
51-02.05.06.00			雪崩	
51-02.05.07.00			风沙	
51-02.05.08.00			采空区	
51-02.05.09.00			水库坍岸	
51-02.05.10.00			强震区	
51-02.05.11.00			地震液化	
51-02.05.12.00			涎流冰	
51-02.06.00.00		地层成因类型		
51-02.06.01.00			残积层	
51-02.06.02.00			坡积层	
51-02.06.03.00			冲积层	
51-02.06.04.00			洪积层	
51-02.06.05.00			崩积层	
51-02.06.06.00			滑坡堆积层	
51-02.06.07.00			泥石流堆积层	
51-02.06.08.00			风积层	
51-02.06.09.00			冰积层	
51-02.06.10.00			冰水沉积层	
51-02.06.11.00			沼泽沉积层	
51-02.06.12.00			湖泊沉积层	
51-02.06.13.00			海相沉积层	
51-02.06.14.00			海陆交互相沉积层	
51-02.06.15.00			生物堆积层	

续表 A.0.8

编 码	一 级 类	二 级 类	三 级 类	四 级 类
51-02.06.16.00			火山堆积层	
51-02.06.17.00			人工填筑土	
51-02.06.18.00			成因不明的沉积层	

注：空白单元格表示此栏无内容。

附录 B 数据存储

B.1 通用规则

B.1.1 公路工程中表达设施、子设施、构件的类型时，宜将实体的预定义属性（PredefinedType）设置为用户自定义（USERDEFINED），并为实体的对象类型属性（ObjectType）赋予分类编码。

条文说明

例如：使用 IfcWall 表示涵洞端墙，将其属性 PredefinedType 设置为 IfcWallTypeEnum 枚举类型的 USERDEFINED 枚举项，并在其属性 ObjectType 处填写涵洞端墙的分类编码"18-05.01.02.00"。

B.1.2 公路工程构件宜使用 IfcMaterial 存储材料信息。

条文说明

构件材料的使用步骤：首先在 IfcMaterial 中设置材料的名称、分类编码和描述，然后将 IfcMaterial 设置到 IfcMaterialLayerSet、IfcMaterialProfileSet 或 IfcMaterialConstituentSet，最后将上述集合通过 IfcRelAssociatesMaterial 与构件关联。

B.1.3 公路工程构件的几何表达在数据存储时，宜使用几何体。几何体类型宜符合表 B.1.3 的规定。

表 B.1.3 几何体类型

类型	几何体名称	实体名
点	笛卡尔点	IfcCartesianPoint
线	直线	IfcLineSegment2D
线	圆曲线	IfcCircularArcSegment2D
线	缓和曲线	IfcTransitionCurveSegment2D
线	三维多段线	IfcPolyline
网格模型	多边形面片	IfcPolygonalFaceSet
网格模型	三角面片	IfcTriangulatedFaceSet

续表 B.1.3

类型	几何体名称	实 体 名
网格模型	不规则三角网	IfcTriangulatedIrregularNetwork
实体模型	扫掠体	IfcSweptAreaSolid
	拉伸体	IfcExtrudedAreaSolid
	分段扫掠体	IfcSectionedSolid
	水平分段扫掠体	IfcSectionedSolidHorizontal
	扫掠圆盘体	IfcSweptDiskSolid
	构造实体	IfcCsgSolid
	BREP 实体	IfcManifoldSolidBrep

条文说明

公路工程中构件常用几何体如图 B-1 所示。

a)多边形面片 b)三角面片 c)不规则三角网 d)拉伸体

e)扫掠圆盘体 f)构造实体 g)BERP实体 h)水平分段扫掠体

图 B-1 常用几何体

B.2 存储结构

B.2.1 项目、场地和公路的存储应符合表 B.2.1 的规定。

表 B.2.1 项目、场地和公路存储

对 象	实 体 名	备 注
项目	IfcProject	引用
场地	IfcSite	引用
公路	IfcRoad	定义应符合本标准第 B.3.1 条的有关规定

注：表中引用的实体详细定义见 IFC4x2 标准。

条文说明

项目、场地和公路的存储结构如图 B-2 所示。IfcRoad 表示公路时，其属性 CompositionType 可以选择枚举项 ELEMENT；IfcRoad 表示路基路面时，其属性 CompositionType 可以选择枚举项 PARTIAL。

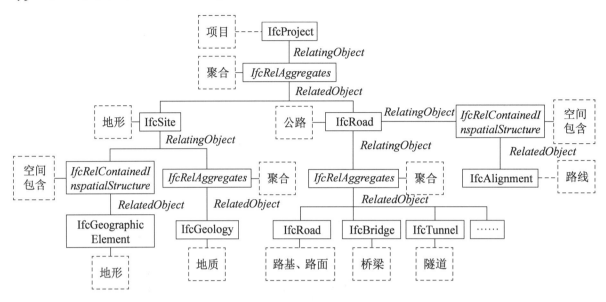

图 B-2　项目、场地和公路存储结构图

B.2.2 路线的存储应符合表 B.2.2 的规定。

表 B.2.2　路 线 存 储

对　　象		实　体　名	备　注
路线		IfcAlignment	引用
平面曲线		IfcAlignment2DHorizontal	引用
纵断面曲线		IfcAlignment2DVertical	引用
平面曲线构件	平面直线	IfcLineSegment2D	引用
	平面圆曲线	IfcCircularArcSegment2D	引用
	平面缓和曲线	IfcTransitionCurveSegment2D	引用
纵断面曲线构件	纵断面直线	IfcAlignment2DVerSegLine	引用
	纵断面竖曲线	IfcAlignment2DVerSegCircularArc	引用

注：表中引用的实体详细定义见 IFC4x2 标准。

条文说明

表中对象引用自本标准表 A.0.3 路线部分。

路线的存储结构如图 B-3 所示。

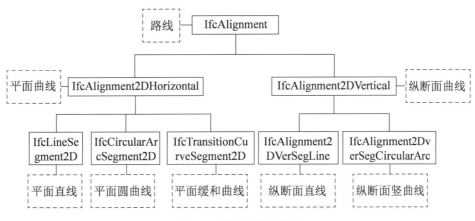

图 B-3　路线存储结构图

B.2.3 路基的存储应符合表 B.2.3 的规定。

表 B.2.3　路基存储

对象			实体名	备注
路基			IfcRoadPart	定义应符合本标准第 B.3.2 条的有关规定
路基土石方			IfcRoadPart	定义应符合本标准第 B.3.2 条的有关规定
排水			IfcDistributionSystem	引用
支挡防护			IfcRoadPart	定义应符合本标准第 B.3.2 条的有关规定
小桥、涵洞			IfcBridge	定义应符合本标准第 B.3.6 条的有关规定
路基土石方构件		路床	IfcSubgradeElement	定义应符合本标准第 B.3.3 条的有关规定
		路堤	IfcSubgradeElement	定义应符合本标准第 B.3.3 条的有关规定
		土工合成材料处置层	IfcSubgradeElement	定义应符合本标准第 B.3.3 条的有关规定
	特殊路基处置构件	垫层	IfcSubgradeElement	定义应符合本标准第 B.3.3 条的有关规定
		袋装砂井	IfcDistributionChamberElement	引用
		塑料排水板	IfcSlab	引用
		粒料桩	IfcPile	引用
		加固土桩	IfcPile	引用
		水泥粉煤灰碎石桩（CFG桩）	IfcPile	引用
		刚性桩	IfcPile	引用
		灰土挤密桩	IfcPile	引用
		碎石挤密桩	IfcPile	引用
		强夯	IfcSubgradeElement	定义应符合本标准第 B.3.3 条的有关规定
		重锤夯实	IfcSubgradeElement	定义应符合本标准第 B.3.3 条的有关规定
		冲击碾压	IfcSubgradeElement	定义应符合本标准第 B.3.3 条的有关规定
		预压与超载预压	IfcSubgradeElement	定义应符合本标准第 B.3.3 条的有关规定
		浸水预溶	IfcSubgradeElement	定义应符合本标准第 B.3.3 条的有关规定

续表 B.2.3

对象			实体名	备注
路基土石方构件	特殊路基处置构件	反压	IfcSubgradeElement	定义应符合本标准第 B.3.3 条的有关规定
		削坡减载	IfcSubgradeElement	定义应符合本标准第 B.3.3 条的有关规定
		旋喷桩	IfcPile	引用
		注浆	IfcSubgradeElement	定义应符合本标准第 B.3.3 条的有关规定
		拦石墙	IfcWall	引用
		拦挡坝、导流坝	IfcWall	引用
		拦冰墙	IfcWall	引用
排水构件		排水管	IfcPipeSegment	引用
		边沟、排水沟、截水沟、边坡平台排水沟	IfcPipeSegment	引用
		急流槽、跌水	IfcPipeSegment	引用
		沉淀池、蒸发池	IfcTank	引用
		排水泵站沉井	IfcDistributionChamberElement	引用
		盲沟	IfcPipeSegment	引用
		集水（检查）井	IfcDistributionChamberElement	引用
支挡防护构件	挡土墙及墙背填土构件	重力式、衡重式挡土墙	IfcWall	引用
		悬臂式挡土墙	IfcWall	引用
		扶壁式挡土墙	IfcWall	引用
		锚杆式挡土墙	IfcWall	引用
		锚定板式土挡土墙	IfcWall	引用
		加筋式挡土墙	IfcWall	引用
		桩板式挡土墙	IfcWall	引用
		墙背填土	IfcBuildingElementProxy	引用
	坡面防护构件	植物防护	IfcSlope	定义应符合本标准第 B.3.4 条的有关规定
		骨架植物防护	IfcSlope	定义应符合本标准第 B.3.4 条的有关规定
		喷护、挂网喷护	IfcSlope	定义应符合本标准第 B.3.4 条的有关规定
		砌体坡面防护	IfcSlope	定义应符合本标准第 B.3.4 条的有关规定
		护面墙	IfcSlope	定义应符合本标准第 B.3.4 条的有关规定
	沿河路基防护构件	护坡	IfcSlope	定义应符合本标准第 B.3.4 条的有关规定
		浸水挡墙	IfcWall	引用
		石笼防护	IfcBuildingElementProxy	引用
		护坦	IfcFooting	引用
		导流堤、坝工程	IfcWall	引用
		边坡锚固	IfcSlope	定义应符合本标准第 B.3.4 条的有关规定

续表 B.2.3

对象			实体名	备注
支挡防护构件		土钉支护	IfcSlope	定义应符合本标准第 B.3.4 条的有关规定
	支挡防护子构件	抗滑桩	IfcPile	引用
		挡土板	IfcSlab	引用
		面板	IfcSlab	引用
		肋柱	IfcColumn	引用
		检修踏步	IfcStair	引用
		碎落台、边坡平台	IfcSlab	引用

注：1. 表中引用的实体详细定义见 IFC4x2 标准。
　　2. 特殊路基处置中抗滑、支挡、防护构件应按本表支挡防护构件的有关规定执行，桥涵跨越应按本标准第 B.2.5 条和第 B.2.6 条的有关规定执行。

条文说明

表中对象引用自本标准表 A.0.1～表 A.0.3 路基部分。

路基的存储结构如图 B-4 所示。IfcRoadPart 表示路基时，其属性 CompositionType 可选择枚举项 ELEMENT；IfcRoadPart 表示路基土石方和支挡防护时，其属性 CompositionType 可选择枚举项 PARTIAL。

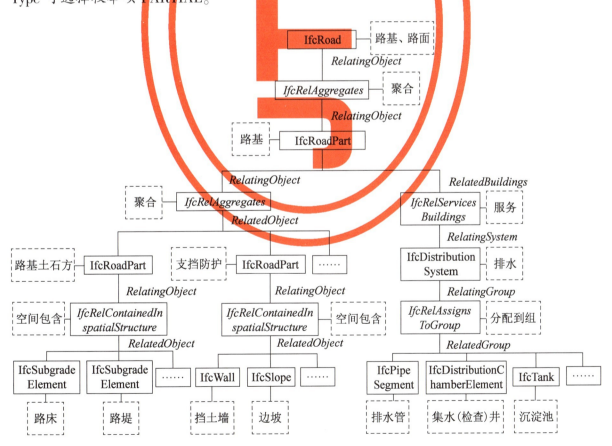

图 B-4　路基存储结构图

B.2.4 路面的存储应符合表 B.2.4 的规定。

表 B.2.4 路面存储

对象			实体名	备注
路面			IfcRoadPart	定义应符合本标准第 B.3.2 条的有关规定
路面（段）			IfcRoadPart	定义应符合本标准第 B.3.2 条的有关规定
路面构件	面层	水泥混凝土面层	IfcPavementElement	定义应符合本标准第 B.3.5 条的有关规定
		沥青混凝土面层	IfcPavementElement	定义应符合本标准第 B.3.5 条的有关规定
		沥青贯入式面层	IfcPavementElement	定义应符合本标准第 B.3.5 条的有关规定
		沥青表面处置面层	IfcPavementElement	定义应符合本标准第 B.3.5 条的有关规定
	基层	稳定土基层	IfcPavementElement	定义应符合本标准第 B.3.5 条的有关规定
		稳定粒料基层	IfcPavementElement	定义应符合本标准第 B.3.5 条的有关规定
		级配碎（砾）石基层	IfcPavementElement	定义应符合本标准第 B.3.5 条的有关规定
		填隙碎石（矿渣）基层	IfcPavementElement	定义应符合本标准第 B.3.5 条的有关规定
	底基层	稳定土底基层	IfcPavementElement	定义应符合本标准第 B.3.5 条的有关规定
		稳定粒料底基层	IfcPavementElement	定义应符合本标准第 B.3.5 条的有关规定
		级配碎（砾）石底基层	IfcPavementElement	定义应符合本标准第 B.3.5 条的有关规定
		填隙碎石（矿渣）底基层	IfcPavementElement	定义应符合本标准第 B.3.5 条的有关规定
	垫层		IfcPavementElement	定义应符合本标准第 B.3.5 条的有关规定
	路缘石		IfcBuildingElementProxy	引用
	培路肩		IfcBuildingElementProxy	引用
	中央分隔带填土		IfcBuildingElementProxy	引用

注：1. 表中引用的实体详细定义见 IFC4x2 标准。
　　2. 路面（段）是按路段长度对路面的划分，具体划分长度根据工程需求确定。

条文说明

表中对象引用自本标准表 A.0.1～表 A.0.3 路面部分。

路面的存储结构如图 B-5 所示。IfcRoadPart 表示路面时，其属性 CompositionType 可选择枚举项 ELEMENT；IfcRoadPart 表示路面（段）时，其属性 CompositionType 可选择枚举项 PARTIAL。

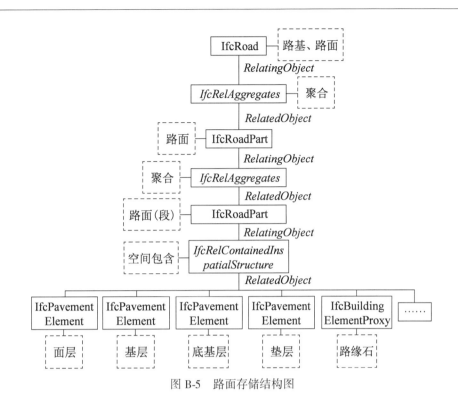

图 B-5 路面存储结构图

B.2.5 桥梁的存储应符合表 B.2.5 的规定。

表 B.2.5 桥 梁 存 储

对 象			实 体 名	备 注
桥梁			IfcBridge	定义应符合本标准第 B.3.6 条的有关规定
上部结构、桥联、桥跨			IfcBridgePart	定义应符合本标准第 B.3.7 条的有关规定
下部结构			IfcBridgePart	定义应符合本标准第 B.3.7 条的有关规定
桥面系和附属工程			IfcBridgePart	定义应符合本标准第 B.3.7 条的有关规定
预应力构件	预应力筋		IfcTendon	引用
	预应力管道		IfcTendonConduit	定义应符合本标准第 B.3.8 条的有关规定
	预应力锚具		IfcTendonAnchor	引用
基础构件	扩大基础		IfcFooting	引用
	承台		IfcFooting	引用
	桩	钻孔灌注桩	IfcPile	引用
		挖孔桩	IfcPile	引用
		沉入桩	IfcPile	引用
	地下连续墙		IfcCaissonFoundation	定义应符合本标准第 B.3.9 条的有关规定
	沉井基础		IfcCaissonFoundation	定义应符合本标准第 B.3.9 条的有关规定
	沉箱基础		IfcCaissonFoundation	定义应符合本标准第 B.3.9 条的有关规定
墩台及墩台构件	桥台、桥墩		IfcElementAssembly	引用
	台帽		IfcBeam	引用
	台身		IfcWall	引用

续表 B.2.5

对　　象			实　体　名	备　注
墩台及墩台构件		耳背墙	IfcWall	引用
		盖梁	IfcBeam	引用
		墩柱、墩柱段	IfcColumn	引用
		系梁	IfcBeam	引用
		挡块	IfcBuildingElementProxy	引用
		支座垫石	IfcBuildingElementProxy	引用
梁式桥构件	梁、梁段	实心板梁	IfcBeam	引用
		空心板梁	IfcBeam	引用
		工字形梁	IfcBeam	引用
		混凝土 T 梁	IfcBeam	引用
		混凝土小箱梁	IfcBeam	引用
		混凝土箱梁	IfcBeam	引用
		钢箱梁	IfcElementAssembly	引用
		钢桁梁	IfcElementAssembly	引用
		工字组合梁	IfcElementAssembly	引用
		钢箱组合梁	IfcElementAssembly	引用
		钢桁架组合梁	IfcElementAssembly	引用
		波形钢腹板组合梁	IfcElementAssembly	引用
	桥面板		IfcSlab	引用
	支座		IfcBearing	定义应符合本标准第 B.3.10 条的有关规定
拱式桥构件	拱、拱段	板拱	IfcArch	定义应符合本标准第 B.3.11 条的有关规定
		肋拱	IfcArch	定义应符合本标准第 B.3.11 条的有关规定
		箱拱	IfcArch	定义应符合本标准第 B.3.11 条的有关规定
		刚架拱	IfcElementAssembly	引用
		钢管拱	IfcElementAssembly	引用
		桁架拱	IfcElementAssembly	引用
	横梁		IfcBeam	引用
	纵梁		IfcBeam	引用
	立柱		IfcColumn	引用
	吊杆		IfcMember	引用
	系杆		IfcMember	引用
	拱脚		IfcFooting	引用

续表 B.2.5

对　象		实　体　名	备　注
斜拉桥构件	斜拉索	IfcMember	引用
	塔柱、塔柱段	IfcColumn	引用
	桥塔系梁	IfcBeam	引用
	钢锚箱	IfcBuildingElementProxy	引用
	钢锚梁	IfcBeam	引用
悬索桥构件	主缆	IfcMember	引用
	吊索	IfcMember	引用
	索夹	IfcMechanicalFastener	引用
	索鞍	IfcMechanicalFastener	引用
	锚碇	IfcWall	引用
	锚碇锚固体系	IfcElementAssembly	引用
桥面系和附属工程构件	桥面铺装	IfcRoadPart	定义应符合本标准第 B.3.2 条的有关规定
	阻尼器	IfcVibrationDamper	定义应符合本标准第 B.3.12 条的有关规定
	人行道板	IfcSlab	引用
	搭板	IfcSlab	引用
	牛腿	IfcMember	引用
	护栏	IfcRailing/IfcWall	引用
	锥坡	IfcBuildingElementProxy	引用
	伸缩装置	IfcFastener	引用
	防撞墙	IfcWall	引用
	防落梁装置	IfcMechanicalFastener	引用

注：1. 表中引用的实体详细定义见 IFC4x2 标准。
　　2. 挡土墙、坡面防护应按本标准第 B.2.3 条的有关规定执行，隧道锚洞身应按本标准第 B.2.7 条的有关规定执行。

条文说明

表中对象引用自本标准表 A.0.1～表 A.0.3 桥梁部分。
梁式桥的存储结构示例如图 B-6 所示。

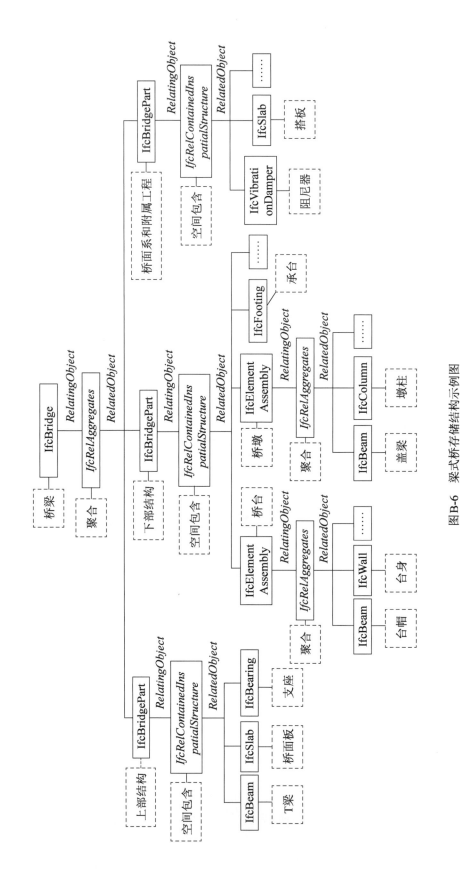

图 B-6 梁式桥存储结构示例图

B.2.6 涵洞的存储应符合表 B.2.6 的规定。

表 B.2.6 涵 洞 存 储

对　　象		实　体　名	备　　注
涵洞		IfcBridge	定义应符合本标准第 B.3.6 条的有关规定
洞口		IfcBridgePart	定义应符合本标准第 B.3.7 条的有关规定
洞身		IfcBridgePart	定义应符合本标准第 B.3.7 条的有关规定
洞口构件	翼墙	IfcWall	引用
	端墙	IfcWall	引用
	倒虹吸竖井	IfcDistributionChamberElement	引用
	基础	IfcFooting	引用
	截水墙	IfcWall	引用
	帽石	IfcBuildingElementProxy	引用
	铺砌	IfcSlab	引用
洞身构件	混凝土管节	IfcPipeSegment	引用
	管座	IfcFooting	引用
	箱节（箱涵）	IfcPipeSegment	引用
	拱圈	IfcArch	定义应符合本标准第 B.3.11 条的有关规定
	涵台（拱涵、盖板涵）	IfcWall	引用
	盖板	IfcSlab	引用
	波形钢管节	IfcPipeSegment	引用
	垫层	IfcFooting	引用

注：1. 表中引用的实体详细定义见 IFC4x2 标准。
　　2. 涵洞基础、塔板、牛腿、锥坡应按本标准第 B.2.5 条的有关规定执行。

条文说明

表中对象引用自本标准表 A.0.2～表 A.0.3 涵洞部分。

盖板涵的存储结构示例如图 B-7 所示。

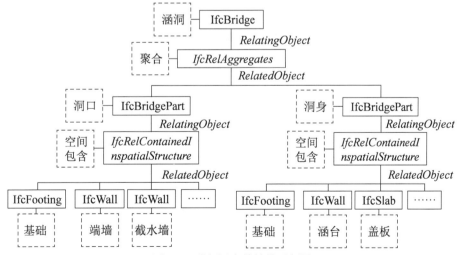

图 B-7　盖板涵存储结构示例图

B.2.7 隧道的存储应符合表 B.2.7 的规定。

表 B.2.7 隧　　道

对　象			实　体　名	备　注
隧道			IfcTunnel	定义应符合本标准第 B.3.13 条的有关规定
洞口			IfcTunnelPart	定义应符合本标准第 B.3.14 条的有关规定
洞身			IfcTunnelPart	定义应符合本标准第 B.3.14 条的有关规定
辅助通道			IfcTunnelPart	定义应符合本标准第 B.3.14 条的有关规定
防排水			IfcDistributionSystem	引用
路面（段）			IfcRoadPart	定义应符合本标准第 B.3.2 条的有关规定
洞口构件		翼墙	IfcWall	引用
		端墙	IfcWall	引用
		顶帽	IfcBuildingElementProxy	引用
		环框	IfcTunnelElement	定义应符合本标准第 B.3.15 条的有关规定
		洞口排水	IfcPipeSegment	引用
		洞口防护	IfcSlope	定义应符合本标准第 B.3.4 条的有关规定
		明洞	IfcTunnelPart	定义应符合本标准第 B.3.14 条的有关规定
	明洞衬砌构件	拱墙	IfcArch	定义应符合本标准第 B.3.11 条的有关规定
		仰拱	IfcArch	定义应符合本标准第 B.3.11 条的有关规定
		仰拱回填	IfcFooting	引用
		明洞回填	IfcBuildingElementProxy	引用
洞身和辅助通道构件	超前支护构件	超前锚杆	IfcElementAssembly	引用
		超前小导管	IfcElementAssembly	引用
		超前管棚	IfcElementAssembly	引用
		套拱	IfcTunnelElement	定义应符合本标准第 B.3.15 条的有关规定
	初次支护构件	系统锚杆	IfcElementAssembly	引用
		锁脚锚杆	IfcElementAssembly	引用
		钢筋网	IfcReinforcingMesh	引用
		钢架	IfcElementAssembly	引用
		喷射混凝土	IfcBuildingElementProxy	引用
	二次衬砌构件	拱墙	IfcArch	定义应符合本标准第 B.3.11 条的有关规定
		仰拱	IfcArch	定义应符合本标准第 B.3.11 条的有关规定
		仰拱回填	IfcFooting	引用
防排水构件		路侧边沟	IfcPipeSegment	引用
		中心水沟	IfcPipeSegment	引用
		沉沙池	IfcDistributionChamberElement	引用
		检查井	IfcDistributionChamberElement	引用
		止水带	IfcCovering	引用

续表 B.2.7

对象		实体名	备注
防排水构件	纵向排水管	IfcPipeSegment	引用
	横向排水管	IfcPipeSegment	引用
	环向排水管	IfcPipeSegment	引用
	竖向排水管	IfcPipeSegment	引用

注：1. 表中引用的实体详细定义见 IFC4x2 标准。
　　2. 本标准只适用于采用钻爆法施工的隧道。

条文说明

表中对象引用自本标准表 A.0.1～表 A.0.3 隧道部分。
隧道的存储结构如图 B-8 所示。

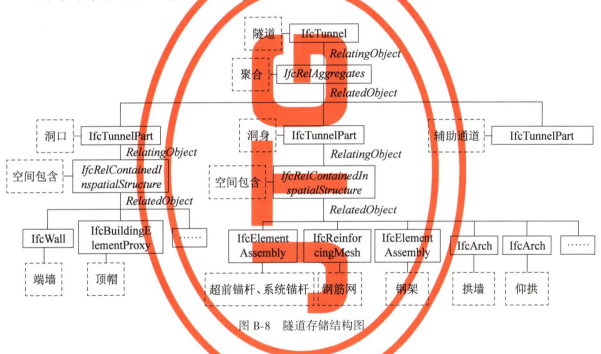

图 B-8 隧道存储结构图

B.2.8 交通工程及沿线设施的存储应符合表 B.2.8 的规定。

表 B.2.8　交通工程及沿线设施存储

对象		实体名	备注
交通安全设施、交通安全设施（段）		IfcTrafficSafetyFacility	定义应符合本标准第 B.3.16 条的有关规定
管理设施		IfcDistributionSystem	引用
交通安全设施构件	交通标线	IfcTrafficSafetyElement	定义应符合本标准第 B.3.17 条的有关规定
	交通标志	IfcTrafficSafetyElement	定义应符合本标准第 B.3.17 条的有关规定
	护栏和栏杆	IfcRailing/IfcWall	引用
	视线诱导设施	IfcTrafficSafetyElement	定义应符合本标准第 B.3.17 条的有关规定
	隔离栅	IfcRailing	引用

续表 B.2.8

对象			实体名	备注
交通安全设施构件		防落网	IfcTrafficSafetyElement	定义应符合本标准第 B.3.17 条的有关规定
		声屏障	IfcBuildingElementProxy	引用
		防眩设施	IfcTrafficSafetyElement	定义应符合本标准第 B.3.17 条的有关规定
		其他交通安全设施构件	IfcTrafficSafetyElement	定义应符合本标准第 B.3.17 条的有关规定
管理设施构件	通用管理设施构件	服务器	IfcCommunicationsAppliance	引用
		计算机	IfcCommunicationsAppliance	引用
		显示器	IfcAudioVisualAppliance	引用
		打印机	IfcCommunicationsAppliance	引用
		空调	IfcUnitaryEquipment	引用
		大屏幕	IfcAudioVisualAppliance	引用
		操作台	IfcCommunicationsAppliance	引用
		IP-SAN 磁盘阵列	IfcBuildingElementProxy	引用
		硬盘录像机	IfcBuildingElementProxy	引用
		视频编解码器	IfcBuildingElementProxy	引用
		以太网交换机	IfcCommunicationsAppliance	引用
		光纤收发器	IfcCommunicationsAppliance	引用
		可变信息标志	IfcAudioVisualAppliance	引用
		摄像机	IfcAudioVisualAppliance	引用
		车辆检测器	IfcSensor	引用
		交通信号灯	IfcLamp	引用
		设备机柜	IfcBuildingElementProxy	引用
		线缆	IfcCableSegment	引用
		走线架桥架	IfcCableCarrierSegment	引用
		管道	IfcCableCarrierSegment	引用
		沟槽	IfcCableCarrierSegment	引用
	监控设施构件	气象检测器	IfcSensor	引用
		环境检测器	IfcSensor	引用
		区域控制器	IfcSensor	引用
		车道指示器	IfcAudioVisualAppliance	引用
		紧急电话及广播	IfcAudioVisualAppliance	引用
		火灾探测报警设施	IfcAlarm	引用
		备用电源	IfcElectricFlowStorageDevice	引用
	收费设施构件	车道控制器	IfcSensor	引用
		车牌自动识别设备	IfcSensor	引用

续表 B.2.8

对象			实体名	备注
管理设施构件	收费设施构件	光栅分车器	IfcSensor	引用
		计重设备	IfcBuildingElementProxy	引用
		栏杆	IfcRailing	引用
		费额显示器	IfcAudioVisualAppliance	引用
		ETC门架系统	IfcBuildingElementProxy	引用
		ETC天线	IfcBuildingElementProxy	引用
		对讲及广播设施	IfcAudioVisualAppliance	引用
		收费亭	IfcBuildingElementProxy	引用
		收费岛	IfcBuildingElementProxy	引用
	通信设施构件	干线传输设备	IfcCommunicationsAppliance	引用
		光纤线路终端	IfcCommunicationsAppliance	引用
		光纤网络单元	IfcCommunicationsAppliance	引用
		综合语音接入网关	IfcCommunicationsAppliance	引用
		数字程控交换机	IfcCommunicationsAppliance	引用
		IAD设备	IfcCommunicationsAppliance	引用
		电话	IfcAudioVisualAppliance	引用
		配线设施	IfcCableFitting	引用
		高频开关电源	IfcElectricFlowStorageDevice	引用
		蓄电池组	IfcElectricFlowStorageDevice	引用
	供配电设施构件	高压柜	IfcElectricDistributionBoard	引用
		低压柜	IfcElectricDistributionBoard	引用
		变压器	IfcTransformer	引用
		柴油发电机组	IfcElectricGenerator	引用
	照明设施构件	照明灯具	IfcLamp	引用
	通风设施构件	风机	IfcUnitaryEquipment	引用
	消防设施构件	灭火器	IfcFireSuppressionTerminal	引用
		消防栓箱	IfcFireSuppressionTerminal	引用
		灭火器箱	IfcFireSuppressionTerminal	引用
		消火栓	IfcFireSuppressionTerminal	引用
		水泵	IfcFireSuppressionTerminal	引用
		防火门	IfcDoor	引用

注：1. 表中引用的实体详细定义见 IFC4x2 标准。
2. 混凝土墙式护栏的存储使用 IfcWall，缆索护栏、波形梁钢护栏等的存储使用 IfcRailing。

条文说明

表中对象引用自本标准表 A.0.1~表 A.0.3 交通工程及沿线设施部分。

交通安全设施的存储结构如图 B-9 所示，通信设施的存储结构如图 B-10 所示。

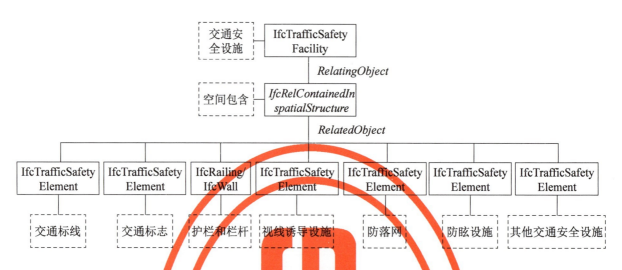

图 B-9　交通安全设施存储结构图

B.2.9　地形地质的存储应符合表 B.2.9 的规定。

表 B.2.9　地形地质存储

对　象		实　体　名	备　注
地形		IfcGeographicElement	引用
地质		IfcGeology	定义应符合本标准第 B.3.18 条的有关规定
地质元素	探井	IfcGeologyElement	定义应符合本标准第 B.3.19 条的有关规定
	探槽	IfcGeologyElement	定义应符合本标准第 B.3.19 条的有关规定
	探坑	IfcGeologyElement	定义应符合本标准第 B.3.19 条的有关规定
	钻孔	IfcGeologyElement	定义应符合本标准第 B.3.19 条的有关规定
	地层	IfcGeologyElement	定义应符合本标准第 B.3.19 条的有关规定

注：表中引用的实体详细定义见 IFC4x2 标准。

条文说明

表中对象引用自本标准表 A.0.8 地形地质部分。

地质的存储结构如图 B-11 所示。

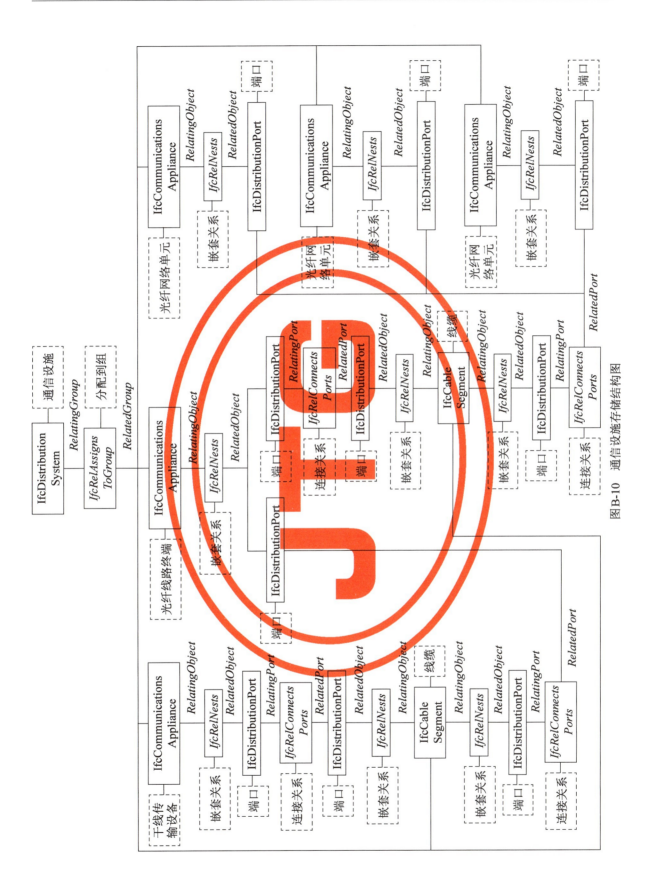

图 B-10 通信设施存储结构图

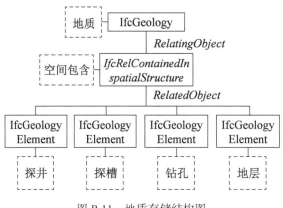

图 B-11 地质存储结构图

B.3 实体定义

B.3.1 IfcRoad 和 IfcRoadTypeEnum 的定义应符合下列规定：

1 IfcRoad 的定义：
ENTITY IfcRoad
  SUBTYPE OF（IfcFacility）；
   PredefinedType：OPTIONAL IfcRoadTypeEnum；
END_ ENTITY；

2 IfcRoadTypeEnum 的定义：
TYPE IfcRoadTypeEnum = ENUMERATION OF
  （USERDEFINED，
   NOTDEFINED）；
END_ TYPE；
定义中：
USERDEFINED：用户自定义；
NOTDEFINED：未定义。

条文说明

IfcFacility 的定义：
ENTITY IfcFacility
  SUPERTYPE OF（ONEOF（IfcRoad，IfcBridge，IfcTunnel，IfcBuilding））
  SUBTYPE OF（IfcSpatialStructureElement）；
END_ ENTITY。

B.3.2 IfcRoadPart 和 IfcRoadPartTypeEnum 的定义应符合下列规定：

1 IfcRoadPart 的定义：

ENTITY IfcRoadPart
    SUBTYPE OF（IfcFacilityPart）；
        PredefinedType：OPTIONAL IfcRoadPartTypeEnum；
END_ ENTITY；

2 IfcRoadPartTypeEnum 的定义：
TYPE IfcRoadPartTypeEnum = ENUMERATION OF
    （USERDEFINED，
    NOTDEFINED）；
END_ TYPE；
定义中：
USERDEFINED：用户自定义；
NOTDEFINED：未定义。

条文说明

IfcFacilityPart 的定义：
ENTITY IfcFacilityPart
    SUPERTYPE OF（ONEOF（IfcRoadPart，IfcBridgePart，IfcTunnelPart，IfcTraffic-SafetyFacility，IfcBuildingStorey））
    SUBTYPE OF（IfcSpatialStructureElement）；
END_ ENTITY。

B.3.3 IfcSubgradeElement 和 IfcSubgradeElementTypeEnum 的定义应符合下列规定：
1 IfcSubgradeElement 的定义：
ENTITY IfcSubgradeElement
    SUBTYPE OF（IfcCivilElement）；
        PredefinedType：OPTIONAL IfcSubgradeElementTypeEnum；
END_ ENTITY；

2 IfcSubgradeElementTypeEnum 的定义：
TYPE IfcSubgradeElementTypeEnum = ENUMERATION OF
    （USERDEFINED，
    NOTDEFINED）；
END_ TYPE；
定义中：
USERDEFINED：用户自定义；
NOTDEFINED：未定义。

B.3.4 IfcSlope 和 IfcSlopeTypeEnum 的定义应符合下列规定：

1 IfcSlope 的定义：
ENTITY IfcSlope
　　SUBTYPE OF（IfcCivilElement）；
　　　PredefinedType：OPTIONAL IfcSlopeTypeEnum；
END_ ENTITY；
2　IfcSlopeTypeEnum 的定义：
TYPE IfcSlopeTypeEnum ＝ ENUMERATION OF
　　（USERDEFINED，
　　　NOTDEFINED）；
END_ TYPE；
定义中：
USERDEFINED：用户自定义；
NOTDEFINED：未定义。

B.3.5 IfcPavementElement 和 IfcPavementElementTypeEnum 的定义应符合下列规定：
1　IfcPavementElement 的定义：
ENTITY IfcPavementElement
　　SUBTYPE OF（IfcCivilElement）；
　　　PredefinedType：OPTIONAL IfcPavementElementTypeEnum；
END_ ENTITY；
2　IfcPavementElementTypeEnum 的定义：
TYPE IfcPavementElementTypeEnum ＝ ENUMERATION OF
　　（USERDEFINED，
　　　NOTDEFINED）；
END_ TYPE；
定义中：
USERDEFINED：用户自定义；
NOTDEFINED：未定义。

B.3.6 IfcBridge 和 IfcBridgeTypeEnum 的定义应符合下列规定：
1　IfcBridgeTypeEnum 的定义：
ENTITY IfcBridge
　　SUBTYPE OF（IfcFacility）；
　　　PredefinedType：OPTIONAL IfcBridgeTypeEnum；
END_ ENTITY；
2　IfcBridgeTypeEnum 的定义：
TYPE IfcBridgeTypeEnum ＝ ENUMERATION OF

（USERDEFINED,
　　　NOTDEFINED）；
　END_TYPE；
定义中：
USERDEFINED：用户自定义；
NOTDEFINED：未定义。

B.3.7 IfcBridgePart 和 IfcBridgePartTypeEnum 的定义应符合下列规定：

1　IfcBridgePart 的定义：
ENTITY IfcBridgePart
　　SUBTYPE OF（IfcFacilityPart）；
　　　PredefinedType：OPTIONAL IfcBridgePartTypeEnum；
END_ENTITY；

2　IfcBridgePartTypeEnum 的定义：
TYPE IfcBridgePartTypeEnum = ENUMERATION OF
　　（USERDEFINED,
　　　NOTDEFINED）；
END_TYPE；
定义中：
USERDEFINED：用户自定义；
NOTDEFINED：未定义。

B.3.8 IfcTendonConduit 和 IfcTendonConduitTypeEnum 的定义应符合下列规定：

1　IfcTendonConduit 的定义：
ENTITY IfcTendonConduit
　　SUBTYPE OF（IfcReinforcingElement）；
　　　PredefinedType：OPTIONAL IfcTendonConduitTypeEnum；
END_ENTITY；

2　IfcTendonConduitTypeEnum 的定义：
TYPE IfcTendonConduitTypeEnum = ENUMERATION OF
　　（USERDEFINED,
　　　NOTDEFINED）；
END_TYPE；
定义中：
USERDEFINED：用户自定义；
NOTDEFINED：未定义。

B.3.9 IfcCaissonFoundation 和 IfcCaissonFoundationTypeEnum 的定义应符合下列规定：

1 IfcCaissonFoundation 的定义：

ENTITY IfcCaissonFoundation
　　SUBTYPE OF（IfcDeepFoundation）；
　　　PredefinedType：OPTIONAL IfcCaissonFoundationTypeEnum；
END_ ENTITY；

2 IfcCaissonFoundationTypeEnum 的定义：

TYPE IfcCaissonFoundationTypeEnum = ENUMERATION OF
　　（USERDEFINED，
　　　NOTDEFINED）；
END_ TYPE；
定义中：
USERDEFINED：用户自定义；
NOTDEFINED：未定义。

条文说明

　　IfcDeepFoundation 的定义：
ENTITY IfcDeepFoundation
　　SUPERTYPE OF（ONEOF（IfcCaissonFoundation，IfcPile））
　　SUBTYPE OF（IfcBuildingElement）；
END_ ENTITY。

B.3.10 IfcBearing 和 IfcBearingTypeEnum 的定义应符合下列规定：

1 IfcBearing 的定义：

ENTITY IfcBearing
　　SUBTYPE OF（IfcBuildingElement）；
　　　PredefinedType：OPTIONAL IfcBearingTypeEnum；
END_ ENTITY；

2 IfcBearingTypeEnum 的定义：

TYPE IfcBearingTypeEnum = ENUMERATION OF
　　（USERDEFINED，
　　　NOTDEFINED）；
END_ TYPE；
定义中：
USERDEFINED：用户自定义；
NOTDEFINED：未定义。

B.3.11 IfcArch 和 IfcArchTypeEnum 的定义应符合下列规定：

1 IfcArch 的定义：

ENTITY IfcArch
  SUBTYPE OF (IfcCivilElement);
   PredefinedType：OPTIONAL IfcArchTypeEnum；
END_ ENTITY；

2 IfcArchTypeEnum 的定义：

TYPE IfcArchTypeEnum = ENUMERATION OF
 （USERDEFINED,
 NOTDEFINED）；
END_ TYPE；

定义中：

USERDEFINED：用户自定义；

NOTDEFINED：未定义。

B.3.12 IfcVibrationDamper 和 IfcVibrationDamperTypeEnum 的定义应符合下列规定：

1 IfcVibrationDamper 的定义：

ENTITY IfcVibrationDamper
  SUBTYPE OF (IfcElementComponent);
   PredefinedType：OPTIONAL IfcVibrationDamperTypeEnum；
END_ ENTITY；

2 IfcVibrationDamperTypeEnum 的定义：

TYPE IfcVibrationDamperTypeEnum = ENUMERATION OF
 （USERDEFINED,
 NOTDEFINED）；
END_ TYPE；

定义中：

USERDEFINED：用户自定义；

NOTDEFINED：未定义。

B.3.13 IfcTunnel 和 IfcTunnelTypeEnum 的定义应符合下列规定：

1 IfcTunnel 的定义：

ENTITY IfcTunnel
  SUBTYPE OF (IfcFacility);
   PredefinedType：OPTIONAL IfcTunnelTypeEnum；
END_ ENTITY；

2 IfcTunnelTypeEnum 的定义：

TYPE IfcTunnelTypeEnum = ENUMERATION OF
　　（USERDEFINED,
　　　NOTDEFINED）;
END_ TYPE;
定义中:
USERDEFINED:用户自定义;
NOTDEFINED:未定义。

B.3.14 IfcTunnelPart 和 IfcTunnelPartTypeEnum 的定义应符合下列规定:
1　IfcTunnelPart 的定义:
ENTITY IfcTunnelPart
　　SUBTYPE OF（IfcFacilityPart）;
　　　PredefinedType: OPTIONAL IfcTunnelPartTypeEnum;
END_ ENTITY;
2　IfcTunnelPartTypeEnum 的定义:
TYPE IfcTunnelPartTypeEnum = ENUMERATION OF
　　（USERDEFINED,
　　　NOTDEFINED）;
END_ TYPE;
定义中:
USERDEFINED:用户自定义;
NOTDEFINED:未定义。

B.3.15 IfcTunnelElement 和 IfcTunnelElementTypeEnum 的定义应符合下列规定:
1　IfcTunnelElement 的定义:
ENTITY IfcTunnelElement
　　SUBTYPE OF（IfcCivilElement）;
　　　PredefinedType: OPTIONAL IfcTunnelElementTypeEnum;
END_ ENTITY;
2　IfcTunnelElementTypeEnum 的定义:
TYPE IfcTunnelElementTypeEnum = ENUMERATION OF
　　（USERDEFINED,
　　　NOTDEFINED）;
END_ TYPE;
定义中:
USERDEFINED:用户自定义;
NOTDEFINED:未定义。

B. 3. 16 IfcTrafficSafetyFacility 和 IfcTrafficSafetyFacilityTypeEnum 的定义应符合下列规定：

    1 IfcTrafficSafetyFacility 的定义：

ENTITY IfcTrafficSafetyFacility
    SUBTYPE OF（IfcFacilityPart）；
        PredefinedType：OPTIONAL IfcTrafficSafetyFacilityTypeEnum；
END_ ENTITY；

    2 IfcTrafficSafetyFacilityTypeEnum 的定义：

TYPE IfcTrafficSafetyFacilityTypeEnum = ENUMERATION OF
    （USERDEFINED，
     NOTDEFINED）；
END_ TYPE；

定义中：

USERDEFINED：用户自定义；

NOTDEFINED：未定义。

B. 3. 17 IfcTrafficSafetyElement 和 IfcTrafficSafetyElementTypeEnum 的定义应符合下列规定：

    1 IfcTrafficSafetyElement 的定义：

ENTITY IfcTrafficSafetyElement
    SUBTYPE OF（IfcCivilElement）；
        PredefinedType：OPTIONAL IfcTrafficSafetyElementTypeEnum；
END_ ENTITY；

    2 IfcTrafficSafetyElementTypeEnum 的定义：

TYPE IfcTrafficSafetyElementTypeEnum = ENUMERATION OF
    （USERDEFINED，
     NOTDEFINED）；
END_ TYPE；

定义中：

USERDEFINED：用户自定义；

NOTDEFINED：未定义。

B. 3. 18 IfcGeology 和 IfcGeologyTypeEnum 的定义应符合下列规定：

    1 IfcGeology 的定义：

ENTITY IfcGeology
    SUBTYPE OF（IfcSpatialStructureElement）；
        PredefinedType：OPTIONAL IfcGeologyTypeEnum；

END_ ENTITY；

2　IfcGeologyTypeEnum 的定义：

TYPE IfcGeologyTypeEnum = ENUMERATION OF
　　（USERDEFINED，
　　　NOTDEFINED）；
END_ TYPE；
定义中：
USERDEFINED：用户自定义；
NOTDEFINED：未定义。

B.3.19 IfcGeologyElement 和 IfcGeologyElementTypeEnum 的定义应符合下列规定：

1　IfcGeologyElement 的定义：

ENTITY IfcGeologyElement
　　SUBTYPE OF（IfcElement）；
　　　PredefinedType：OPTIONAL IfcGeologyElementTypeEnum；
END_ ENTITY；

2　IfcGeologyElementTypeEnum 的定义：

TYPE IfcGeologyElementTypeEnum = ENUMERATION OF
　　（USERDEFINED，
　　　NOTDEFINED）；
END_ TYPE；
定义中：
USERDEFINED：用户自定义；
NOTDEFINED：未定义。

本标准用词用语说明

1 本标准执行严格程度的用词,采用下列写法:

1)表示很严格,非这样做不可的用词,正面词采用"必须",反面词采用"严禁";

2)表示严格,在正常情况下均应这样做的用词,正面词采用"应",反面词采用"不应"或"不得";

3)表示允许稍有选择,在条件许可时首先应这样做的用词,正面词采用"宜",反面词采用"不宜";

4)表示有选择,在一定条件下可以这样做的用词,采用"可"。

2 引用标准的用语采用下列写法:

1)在标准总则中表述与相关标准的关系时,采用"除应符合本标准的规定外,尚应符合国家和行业现行有关标准的规定"。

2)在标准条文及其他规定中,当引用的标准为国家标准和行业标准时,表述为"应符合《××××××》(×××)的有关规定"。

3)当引用本标准中的其他规定时,表述为"应符合本标准第×章的有关规定"、"应符合本标准第×.×节的有关规定"、"应符合本标准第×.×.×条的有关规定"或"应按本标准第×.×.×条的有关规定执行"。

公路工程现行标准规范一览表

(2021年4月)

序号	类别	编　号	书名(书号)	定价(元)
1	基础	JTG 1001—2017	公路工程标准体系(14300)	20.00
2		JTG A02—2013	公路工程行业标准制修订管理导则(10544)	15.00
3		JTG A04—2013	公路工程标准编写导则(10538)	20.00
4		JTG B01—2014	公路工程技术标准(活页夹版,11814)	98.00
5		JTG B01—2014	公路工程技术标准(平装版,11829)	68.00
6		JTG 2111—2019	小交通量农村公路工程技术标准(15372)	50.00
7		JTG 2120—2020	公路工程结构可靠性设计统一标准(16532)	50.00
8		JTG B02—2013	公路工程抗震规范(11120)	45.00
9		JTG/T 2231-01—2020	公路桥梁抗震设计规范(16483)	80.00
10		JTG/T 2231-02—2021	公路桥梁抗震性能评价细则(16433)	40.00
11		JTG 2232—2019	公路隧道抗震设计规范(16131)	60.00
12		JTG B03—2006	公路建设项目环境影响评价规范(13373)	40.00
13		JTG B04—2010	公路环境保护设计规范(08473)	28.00
14		JTG B05—2015	公路项目安全性评价规范(12806)	45.00
15		JTG B05-01—2013	公路护栏安全性能评价标准(10992)	30.00
16		JTG/T 2340—2020	公路工程节能规范(16115)	30.00
17		JTG/T 2420—2021	公路工程信息模型应用统一标准(17181)	50.00
18		JTG/T 2421—2021	公路工程设计信息模型应用标准(17179)	80.00
19		JTG/T 2422—2021	公路工程施工信息模型应用标准(17180)	70.00
20		JTG/T 3310—2019	公路工程混凝土结构耐久性设计规范(15635)	50.00
21		JTG/T 6303.1—2017	收费公路移动支付技术规范　第一册　停车移动支付(14380)	20.00
22		JTG B10-01—2014	公路电子不停车收费联网运营和服务规范(11566)	30.00
23	勘测	JTG C10—2007	公路勘测规范(06570)	40.00
24		JTG/T C10—2007	公路勘测细则(06572)	42.00
25		JTG C20—2011	公路工程地质勘察规范(09507)	65.00
26		JTG/T C21-01—2005	公路工程地质遥感勘察规范(0839)	17.00
27		JTG/T C21-02—2014	公路工程卫星图像测绘技术规程(11540)	25.00
28		JTG/T 3222—2020	公路工程物探规程(16831)	60.00
29		JTG C30—2015	公路工程水文勘测设计规范(12063)	70.00
30	设计	公路	JTG D20—2017	公路路线设计规范(14301)	80.00
31			JTG/T D21—2014	公路立体交叉设计细则(11761)	60.00
32			JTG D30—2015	公路路基设计规范(12147)	98.00
33			JTG/T D31—2008	沙漠地区公路设计与施工指南(1206)	32.00
34			JTG/T D31-02—2013	公路软土地基路堤设计与施工技术细则(10449)	40.00
35			JTG/T D31-03—2011	采空区公路设计与施工技术细则(09181)	40.00
36			JTG/T D31-04—2012	多年冻土地区公路设计与施工技术细则(10260)	40.00
37			JTG/T D31-05—2017	黄土地区公路路基设计与施工技术规范(13994)	50.00
38			JTG/T D31-06—2017	季节性冻土地区公路设计与施工技术规范(13981)	45.00
39			JTG/T D32—2012	公路土工合成材料应用技术规范(09908)	50.00
40			JTG/T 3334—2018	公路滑坡防治设计规范(15178)	55.00
41			JTG D40—2011	公路水泥混凝土路面设计规范(09463)	40.00
42			JTG D50—2017	公路沥青路面设计规范(13760)	50.00
43			JTG/T 3350-03—2020	排水沥青路面设计与施工技术规范(16651)	50.00
44			JTG/T D33—2012	公路排水设计规范(10337)	40.00
45		桥隧	JTG D60—2015	公路桥涵设计通用规范(12506)	40.00
46			JTG/T 3360-01—2018	公路桥梁抗风设计规范(15231)	75.00
47			JTG/T 3360-02—2020	公路桥梁抗撞设计规范(16435)	40.00
48			JTG/T 3360-03—2018	公路桥梁景观设计规范(14540)	40.00
49			JTG D61—2005	公路圬工桥涵设计规范(13355)	30.00
50			JTG 3362—2018	公路钢筋混凝土及预应力混凝土桥涵设计规范(14951)	90.00
51			JTG 3363—2019	公路桥涵地基与基础设计规范(16223)	90.00
52			JTG D64—2015	公路钢结构桥梁设计规范(12507)	80.00
53			JTG D64-01—2015	公路钢混组合桥梁设计与施工规范(12682)	45.00
54			JTG/T 3364-02—2019	公路钢桥面铺装设计与施工技术规范(15637)	50.00
55			JTG/T 3365-01—2020	公路斜拉桥设计规范(16365)	50.00
56			JTG/T 3365-02—2020	公路涵洞设计规范(16583)	50.00
57			JTG/T D65-05—2015	公路悬索桥设计规范(12674)	55.00
58			JTG/T D65-06—2015	公路钢管混凝土拱桥设计规范(12514)	40.00
59			JTG 3370.1—2018	公路隧道设计规范　第一册　土建工程(14639)	110.00
60			JTG/T D70—2010	公路隧道设计细则(08478)	66.00
61			JTG D70/2—2014	公路隧道设计规范　第二册　交通工程与附属设施(11543)	50.00
62			JTG/T D70/2-01—2014	公路隧道照明设计细则(11541)	35.00
63			JTG/T D70/2-02—2014	公路隧道通风设计细则(11546)	70.00
64			JTG/T 3374—2020	公路瓦斯隧道设计与施工技术规范(16141)	60.00
65		交通工程	JTG D80—2006	高速公路交通工程及沿线设施设计通用规范(0998)	25.00
66			JTG D81—2017	公路交通安全设施设计规范(14395)	60.00

续上表

序号	类别	编号	书名(书号)	定价(元)
67	交通工程	JTG/T D81—2017	公路交通安全设施设计细则(14396)	90.00
68		JTG/T 3381-02—2020	公路限速标志设计规范(16696)	40.00
69		JTG D82—2009	公路交通标志和标线设置规范(07947)	116.00
70	设计	JTG/T 3383-01—2020	公路通信及电力管道设计规范(16686)	40.00
71		交办公路〔2017〕167 号	国家公路网交通标志调整工作技术指南(14379)	80.00
72	综合	交公路发〔2007〕358 号	公路工程基本建设项目设计文件编制办法(06746)	26.00
73		交公路发〔2015〕69 号	公路工程特殊结构桥梁项目设计文件编制办法(12455)	30.00
74		JTG E20—2011	公路工程沥青及沥青混合料试验规程(09468)	106.00
75		JTG 3420—2020	公路工程水泥及水泥混凝土试验规程(16989)	100.00
76		JTG 3430—2020	公路土工试验规程(16828)	120.00
77		JTG E41—2005	公路工程岩石试验规程(13351)	30.00
78	检测	JTG E42—2005	公路工程集料试验规程(13353)	50.00
79		JTG E50—2006	公路工程土工合成材料试验规程(13398)	40.00
80		JTG E51—2009	公路工程无机结合料稳定材料试验规程(08046)	60.00
81		JTG 3450—2019	公路路基路面现场测试规程(15830)	90.00
82		JTG/T E61—2014	公路路面技术状况自动化检测规程(11830)	25.00
83		JTG/T 3512—2020	公路工程基桩检测技术规程(16482)	60.00
84		JTG/T 3610—2019	公路路基施工技术规范(15769)	80.00
85		JTG/T F20—2015	公路路面基层施工技术细则(12367)	45.00
86	公路	JTG/T F30—2014	公路水泥混凝土路面施工技术细则(11244)	60.00
87		JTG/T F31—2014	公路水泥混凝土路面再生利用技术细则(11360)	30.00
88		JTG F40—2004	公路沥青路面施工技术规范(05328)	50.00
89	施工	JTG/T 5521—2019	公路沥青路面再生技术规范(15839)	60.00
90		JTG/T 3650—2020	公路桥涵施工技术规范(16434)	125.00
91	桥隧	JTG/T 3650-02—2019	特大跨径公路桥梁施工测量规范(15634)	80.00
92		JTG/T 3660—2020	公路隧道施工技术规范(16488)	100.00
93	交通	JTG/T 3671—2021	公路交通安全设施施工技术规范(17000)	50.00
94		JTG/T F72—2011	公路隧道交通工程与附属设施施工技术规范(09509)	35.00
95		JTG F80/1—2017	公路工程质量检验评定标准 第一册 土建工程(14472)	90.00
96	质检安全	JTG 2182—2020	公路工程质量检验评定标准 第二册 机电工程(16987)	60.00
97		JTG G10—2016	公路工程施工监理规范(13275)	40.00
98		JTG F90—2015	公路工程施工安全技术规范(12138)	68.00
99		JTG H10—2009	公路养护技术规范(08071)	60.00
100		JTJ 073.1—2001	公路水泥混凝土路面养护技术规范(13658)	20.00
101		JTG H11—2004	公路桥涵养护规范(05025)	40.00
102		JTG H12—2015	公路隧道养护技术规范(12062)	60.00
103		JTG 5142—2019	公路沥青路面养护技术规范(15612)	60.00
104		JTG 5150—2020	公路路基养护技术规范(16596)	40.00
105	养护管理	JTG/T 5190—2019	农村公路养护技术规范(15430)	30.00
106		JTG 5210—2018	公路技术状况评定标准(15202)	40.00
107		JTG 5220—2020	公路养护工程质量检验评定标准 第一册 土建工程(16795)	80.00
108		JTG 5421—2018	公路沥青路面养护设计规范(15201)	40.00
109		JTG/T H21—2011	公路桥梁技术状况评定标准(09324)	46.00
110		JTG H30—2015	公路养护安全作业规程(12234)	90.00
111		JTG 5610—2020	公路养护预算编制导则(16733)	50.00
112		JTG/T 5612—2020	公路桥梁养护工程预算定额(16855)	50.00
113		JTG/T 5640—2020	农村公路养护预算编制办法(16302)	70.00
114		JTG/T J21—2011	公路桥梁承载能力检测评定规程(09480)	20.00
115	加固设计与施工	JTG/T J21-01—2015	公路桥梁荷载试验规程(12751)	40.00
116		JTG/T J22—2008	公路桥梁加固设计规范(07380)	52.00
117		JTG/T J23—2008	公路桥梁加固施工技术规范(07378)	40.00
118		JTG/T 5440—2018	公路隧道加固技术规范	70.00
119	改扩建	JTG/T L11—2014	高速公路改扩建设计细则(11998)	45.00
120		JTG/T L80—2014	高速公路改扩建交通工程及沿线设施设计细则(11999)	30.00
121		JTG 3810—2017	公路工程建设项目造价文件管理导则(14473)	50.00
122		JTG/T 3811—2020	公路工程施工定额测定与编制规程(16083)	60.00
123		JTG/T 3812—2020	公路工程建设项目造价数据标准(16836)	100.00
124		JTG 3820—2018	公路工程建设项目投资估算编制办法(14362)	60.00
125	造价	JTG/T 3821—2018	公路工程估算指标(14363)	120.00
126		JTG 3830—2018	公路工程建设项目概算预算编制办法(14364)	60.00
127		JTG 3831—2018	公路工程概算定额(14365)	270.00
128		JTG 3832—2018	公路工程预算定额(14366)	300.00
129		JTG/T 3833—2018	公路工程机械台班费用定额(14367)	50.00
130		JTG/T M72-01—2017	公路隧道养护工程预算定额(14189)	60.00

注:JTG——公路工程行业标准体系;JTG/T——公路工程行业推荐性标准体系。批发业务电话:010-59757973;零售业务电话:010-85285659(北京);网上书店电话:010-59757908;业务咨询电话:010-85285922,85285930。